dtv

Das zweite Lebensjahr eines Kindes stellt nicht minder große Anforderungen an die Eltern als das erste. Es beginnt in der Regel mit der kindlichen Eroberung der Welt auf zwei Beinen und endet mit dem Erwerb der Sprache. Diese beiden fundamentalen Neuerungen wollen sorgsam vorbereitet und aufmerksam begleitet sein. Aber auch weitere aufregende körperliche und geistige Entwicklungen des Kleinkindes sind angesagt. Alle Elternfragen zu Problemen und besonderen Herausforderungen des zweiten Lebensjahrs sowie zu Erziehung und Fördermöglichkeiten beantwortet Doro Kammerer einfühlsam und kompetent, umfassend und aktuell.

Doro Kammerer ist seit 1985 freie Autorin für Medizin-, Psychologie- und Erziehungsthemen. Seit 1990 schreibt sie für die Zeitschrift ›Eltern‹, seit 1995 für die Zeitschrift ›Eltern for family‹. Zahlreiche Buchveröffentlichungen, u. a.: ›Endlich Zeit für mich!‹ (1998), ›Weil ich ein Junge bin‹ (2001). Ihre Ratgeberreihe für Eltern ist 2002 und 2003 für dtv erschienen. Die Mutter dreier Kinder lebt in der Nähe von München.

Doro Kammerer

Das zweite Lebensjahr

Ratgeber für Eltern

Deutscher Taschenbuch Verlag

Von Doro Kammerer
sind im Deutschen Taschenbuch Verlag erschienen:
Das erste Lebensjahr (36290)
Das dritte Lebensjahr (34036)

Originalausgabe
April 2003
2. Auflage Mai 2004
© Deutscher Taschenbuch Verlag GmbH & Co. KG,
München
www.dtv.de
Umschlagkonzept: Balk & Brumshagen
Umschaggestaltung: Stephanie Weischer unter Verwendung
einer Fotografie von © Mauritius/Stock Image
Satz: Fotosatz Reinhard Amann, Aichstetten
Gesetzt aus der Meridien 9,5/12˙, der Frutiger
und der Wiesbaden Swing von Linotype
Druck und Bindung: Druckerei C. H. Beck, Nördlingen
Gedruckt auf säurefreiem, chlorfrei gebleichtem Papier
Printed in Germany · ISBN 3-423-36309-6

Inhalt

Motorische Entwicklung

Psychische Entwicklung

Vorwort

Schon lange weiß man, dass kleine Kinder nicht beliebig formbare Wesen sind, sondern dass sie bereits ansehnliche Kompetenzen haben, die sie während Wachstum und Entwicklung immer mehr differenzieren werden. Man weiß auch, dass das Wachstum ein genetisch vorbestimmter – so genannter »endogener« – Prozess ist, der nur durch extreme Einwirkungen und auch dann nur geringfügig veränderbar ist.

Die psychische und auch die geistige Entwicklung sind dagegen durchaus von außen stark beeinflussbar. Über das erste und zweite Lebensjahr liegen besonders viele wissenschaftliche Beobachtungen zu Verhalten und Lernfähigkeit vor.

Kinder werden bis zum vierten Lebensjahr von inneren Gestimmtheiten gesteuert, ohne dass sie sich darüber ausdrücken können. Erst danach ist ein kleiner Mensch in der Lage, seine Wünsche, Gefühle und Ängste auch in Worte zu kleiden. Das macht deutlich, in welcher sensiblen Phase sich Kleinkinder befinden. Sie sind ihrer eigenen Gefühlswelt, aber auch der Atmosphäre, die sie umgibt, ausgeliefert.

Aus diesem Grund ist es gerade im zweiten Lebensjahr so wichtig, dass Eltern verstehen, was in ihrem Kind vorgeht und welche Anreize es gerade jetzt für seine Entwicklung braucht. In diesem Band habe ich mich deshalb ganz besonders auf die psychische Entwicklung und die Förderung eines ein- bis zweijährigen Kindes konzentriert. Außerdem habe ich mich bemüht, möglichst viele praktische Tipps für kleine und größere Schwierigkeiten zu geben.

Dieses zauberhafte zweite Lebensjahr mit den ersten Worten und den ersten Schritten wollen Eltern besonders intensiv genießen. Am meisten genießt man das, was man einerseits gut kennt und versteht und was andererseits immer noch ein Stück weit unbekannt ist. Genau so ist ein Kind im zweiten Lebensjahr.

Doro Kammerer

GESUNDHEIT UND PFLEGE

Zu Beginn des zweiten Lebensjahres hat sich nun alles ein bisschen eingespielt. Mütter und Väter haben Erfahrungen mit ihrem Kind gesammelt, kennen seine Vorlieben und seine Abneigungen, sie sind versiert im Wickeln und Füttern, im Baden und beim täglichen Ausfahren.

Fragen rund um Gesundheit und Körperpflege gibt es nun zwar nicht mehr so viele wie im ersten Lebensjahr, aber ein paar neue Aspekte sind dennoch wichtig.

Weiterhin an Impfungen denken!

In Europa haben wir seit Jahrzehnten keine größeren Epidemien erlebt. Es scheint, als habe die moderne Medizin Infektionskrankheiten gut in den Griff bekommen. Dieser Eindruck täuscht insofern, als gerade durch die zurückgehende Impfbereitschaft Infektionskrankheiten wieder aufflammen können. Plötzlich gibt es – wie im Jahr 2001 im Raum Coburg – Hunderte von masernkranken Kindern, die teilweise in Krankenhäusern behandelt werden müssen. Mit Entsetzen hört man, dass ein 13-jähriges Mädchen nach einer Maserninfektion nun mit einem bleibenden Hirnschaden weiterleben muss.

Masern-Mumps-Röteln

Die Ständige Impfkommission (STIKO), ein Gremium aus Kinderärzten, Spezialisten für Infektionskrankheiten und anderen Experten, empfiehlt die erste Masern-Mumps-Röteln-Impfung (MMR) im zwölften bis 15. Lebensmonat und die zweite MMR-Impfung etwa im 21. Lebensmonat. Erst im Jahr 2001 hat man sich dazu entschlossen, die zweite MMR-Impfung noch innerhalb des zweiten Lebensjahres zu empfehlen. Man will damit erreichen, dass möglichst früh der komplette Impfschutz besteht – nach dem alten Plan wäre er erst mit fünf bis sechs Jahren erreicht. Außerdem steckt hinter der Empfehlung der Wunsch, möglichst auch die ungefähr fünf Prozent Kinder zu

erreichen, die auf die erste MMR-Impfung nicht angesprochen haben.

Masern

Seit man Anfang der 70er Jahre begonnen hat, gegen Masern zu impfen, sehen selbst Kinderärzte schwer masernkranke Patienten eher selten. Masern sind aus dem Bewusstsein entschwunden. Das macht impfmüde und gibt Impfgegnern mehr Raum, ihre Vorstellung zu bekräftigen, eine künstlich hervorgerufene Immunisierung könne den Organismus schädigen.

Das Masernvirus ist (ähnlich dem Windpockenvirus) hoch infektiös. Wir Menschen sind die einzigen Wirte des Masernvirus. Die Übertragung erfolgt durch Tröpfcheninfektion (Husten, Niesen, Sprechen). Als es noch keine Masern-Impfungen gab, war es gar nicht zu vermeiden, dass man sich die Infektion bereits in seinen ersten Lebensjahren holte – deshalb der Begriff »Kinderkrankheit«. Die lebenslange Immunität nach durchstandener Infektion schützt Erwachsene vor dieser Krankheit. Den Begriff »Kinderkrankheit« halten viele Ärzte inzwischen für unglücklich, weil er den Ernst der Infektion verharmlost.

Das Masernvirus kann eine Hirnentzündung hervorrufen. Bei 30 Prozent der Patienten mit dieser so genannten Masernenzephalitis kommt es zu einer »Defektheilung« – ein anderes Wort für »bleibende Schäden«. Bei jedem zweiten Kind mit Masern sind auch ohne Krämpfe EEG-Veränderungen festgestellt worden.

Mögliche Masern-Komplikationen: bakterielle Mittelohrentzündung: bei fünf bis 15 Prozent der Erkrankten, Lungenentzündung: bei 24 bis 50 Prozent der Kinder, Enzephalitis (Hirnentzündung): bei einem von 1000 Erkrankten.

Das intensive Training des Immunsystems durch die Maserninfektion soll – so das Argument vieler Impfgegner – das Allergierisiko vermindern und vor bestimmten Krebserkrankungen sowie vor Autoimmunerkrankungen (z. B. Rheuma) in höherem Lebensalter schützen. Was die Allergien angeht, so zeigte eine dänische Studie das Gegenteil: Masern – übrigens auch Röteln – fördern spätere Allergien, wenn sich das Immunsystem schon in seinen ersten Lebensjahren damit auseinander setzen muss. Ob durch Masern ein Schutz vor Tumor- und Autoimmunerkrankungen erwirkt wird, ist kaum nachzuweisen, da bei diesem Krankheitsgeschehen so unendlich viele andere Faktoren mitwirken.

Viele erwachsene Menschen werden durch das Ertragen und Bekämpfen einer schweren Krankheit sehr viel reifer und gelassener. Doch die Annahme, auch ein Kind erreiche durch so eine »Reise« (wie es manche Impfgegner ausdrücken) einen sonst nicht möglichen Entwicklungsschub, erscheint zumindest fragwürdig. Dass die meisten Eltern sich viele Gedanken machen, bevor sie ihr gesundes Kind mit (wenn auch inaktivierten, also nicht mehr vermehrungsfähigen) Krankheitserregern in Kontakt bringen, ist nur zu verständlich. Eine Impfung ist kein »Spaziergang«; sie geht meist auch nicht ganz spurlos an einem Menschen vorüber.

Wie jedes Medikament können auch Impfstoffe unerwünschte Nebenwirkungen haben. Diese stehen aber in keinem Verhältnis zu den Risiken der Infektionen, vor denen sie schützen. Neben einer Rötung und Schwellung an der Impfstelle tritt häufig sechs bis 14 Tage nach der Impfung eine ein- bis zweitägige Temperaturerhöhung auf – das sichere Zeichen, dass sich der Körper mit den eingedrungenen Krankheitserregern auseinander setzt. Dabei kann es auch zu schwach ausgeprägten, nicht ansteckenden »Impfmasern« kommen. Schwere Reaktionen wie vorübergehende Fieberkrämpfe, Blutgerinnungsstörungen oder Hirnhautreizungen sind sehr selten.

Masern: Der »normale« Krankheitsverlauf

Nach dem Kontakt mit dem Masernvirus vergehen 14 Tage, bis eindeutige Symptome auftreten (Inkubationszeit). In dieser Zeit gibt man den Erreger aber bereits weiter. Die Krankheit beginnt mit leichtem Fieber, Bindehautentzündung, Schnupfen, Reizhusten und Halsschmerzen. Etwa zwölf Tage nach der Infektion zeigen sich auf der Mundschleimhaut gegenüber den Backenzähnen kalkspritzerähnliche grauweiße Flecken (»Koplik-Flecken«). Nun steigt das Fieber erneut an und es erscheint der typische Ausschlag: Er beginnt hinter den Ohren, breitet sich dann vom Haaransatz über Wangen und Gesicht, dann über den Hals, den Ober- und Unterkörper auf Arme und Beine aus. Die anfangs kleinen, hellroten Flecken werden immer größer und dunkler, fließen zusammen und bedecken innerhalb von zwei Tagen den ganzen Körper.

Mumps

Mumps, auch Ziegenpeter genannt, wird ebenfalls durch ein Virus ausgelöst, das besonders gern die Ohrspeicheldrüsen befällt. Diese Speicheldrüsen liegen an den seitlichen Wangen vor den Ohren. Gemeinsam mit den Speicheldrüsen im Mund sind sie für die Produktion der Speichelflüssigkeit verantwortlich. Die typischen dicken Backen der Mumpskranken rühren von der Schwellung der Ohrspeicheldrüsen her.

Ebenso wie Masern wird auch Mumps durch Tröpfcheninfektion (Husten, Niesen – die Erreger schwirren gewissermaßen durch die Luft) übertragen. Das Mumpsvirus ist jedoch längst nicht so ansteckend wie das Masern- oder das Windpockenvirus. Während schon der gemeinsame Aufenthalt in einem Raum ausreicht, um Masern oder Windpocken zu übertragen, bedarf es zur Übertragung von Mumps schon engeren (Körper-)Kontakts.

Nach der Ansteckung dauert es zwei bis drei Wochen, bis sich erste Symptome zeigen. Dies sind Symptome, wie man sie auch

von banalen Vireninfektionen kennt: Fieber, Schwäche, Müdigkeit, Kopf-, Hals- und Ohrenschmerzen. Sicherer Hinweis auf
Mumps: Direkt vor dem Ohr befindet sich eine harte, schmerz-
hafte Schwellung. Das Kauen und Schlucken fällt schwer, weil
es ebenfalls wehtut.

Mögliche Komplikationen: Hirnhautentzündung in zehn bis
15 Prozent der Fälle sowie (seltener) eine Bauchspeicheldrüsen-
entzündung.

Röteln

Röteln ist eine für Kinder vergleichsweise harmlose Virusinfektion. Wenn sich allerdings eine werdende Mutter mit Röteln
infiziert, kann das Ungeborene schwere Schäden an Augen,
Herz, Gehirn und Ohren davontragen. Auch hier macht sich die
Krankheit erst zwei bis drei Wochen nach der Ansteckung
bemerkbar, zunächst durch Husten und Schnupfen. Auffallend
ist, dass die Lymphknoten im Nackenbereich anschwellen. Gelegentlich kommt auch eine Bindehautentzündung dazu. Erst
einen Tag, nachdem sich diese ersten Symptome gezeigt haben,
tritt der typische Hautausschlag auf; er beginnt im Gesicht und
breitet sich über den übrigen Körper aus. Im Unterschied zum
Masernausschlag sind die Flecken nicht so zahlreich, sie sind
kleiner und blasser und fließen nicht zusammen.

Bei Röteln kann es – wenn auch selten – zu folgenden Komplikationen kommen: Gehirnentzündung, Leber- oder Gelenks-
entzündung. Spätfolgen gibt es jedoch selten.

Mundhygiene

Mit dem Durchbruch des ersten Zahnes muss auch die Mundhygiene beginnen – davon war im ersten Band bereits die Rede.
Zähne können nicht erst dann Schaden nehmen, wenn ein Kind
die ersten Gummibärchen kaut oder das erste Stück Schokolade
genießt.

Ist Karies erblich?

»Schlechte Zähne gibt es nicht – es gibt nur schlechte Mundhygiene!« Solche oder ähliche Zurechtweisungen müssen sich manche Eltern anhören, deren Kinder bereits im zarten Alter Karies haben. Wenn ein Zahnarzt so etwas sagt, hat er nicht ganz Unrecht, aber hundertprozentig im Recht ist er auch nicht.

Zweifellos ist mangelhafte Mundhygiene Kariesverursacher Nummer eins. Doch erst einmal muss man die Karieserreger in der Mundhöhle haben. Angesteckt werden die allermeisten Kinder durch ihre Eltern, und zwar vor allem durch ihre Mütter. Sie sind es in der Regel, die Flaschensauger vorher »ansaugen«, die den Flascheninhalt auf Temperatur und Geschmack testen, die vom Babylöffel kosten und den heruntergefallenen Schnuller zwecks Säuberung kurzerhand ablutschen. Auf diesem Wege gelangen Mutans-Streptokokken (sie besiedeln vor allem den Zahnschmelz) sowie Laktobazillen (sie begünstigen die eben genannte Besiedelung) in die Mundhöhle des Kindes.

Das individuelle Kariesrisiko eines Kindes ist nur schwer abschätzbar, doch mit Hilfe der so genannten Sticktests, die jeder Zahnarzt durchführen kann, lässt sich zumindest etwas über die Zahl der gefundenen Erreger sowie über die chemische Pufferkapazität bzw. den Mineralstoffgehalt des Speichels sagen.

Die Ansteckungsgefahr von »Mund zu Mund« ist jedoch nicht allein entscheidend. Man weiß heute, dass eine Kariesanfälligkeit durch mehrere Erbfaktoren begünstigt wird. Der Zahnschmelz ist bei einigen Menschen beispielsweise so strukturiert, dass die bakteriellen Säuren, die nach dem Verzehr von kohlenhydrathaltiger Nahrung entstehen, ihn leichter zerstören können. Die Folge: ein erhöhtes Kariesrisiko.

Kinder mit einem solchen höheren Risiko brauchen eine umfassendere Prophylaxe. Dazu muss der Zahnarzt wissen: Welche Fluorquellen hat das Kind, d. h., welche Mineralwasser trinkt es, wie wird es ernährt, welchen Fluoridgehalt hat das Trinkwasser am Wohnort?

Ganz entscheidend ist die Aufklärung der Eltern! Hat ihr Kind ein höheres Kariesrisiko, müssen Eltern in Sachen Mundhygiene noch konsequenter und aufmerksamer sein als andere.

Das heißt etwa: Zahnarzt-Kontrolltermine häufiger vereinbaren und gewissenhaft einhalten. Das Zähneputzen darf niemals ausfallen, auch wenn das Kind noch so müde ist. Nach der abendlichen Mundhygiene gibt es nichts mehr – außer Wasser oder ungesüßtem Tee! Säfte oder Tee-Saftmischungen greifen mit ihren Säuren nicht nur den Zahnschmelz an, sondern sie liefern mit ihrem Zuckergehalt auch neue Nahrung für die schädlichen Bakterien. Vor dem Schlafengehen ist das besonders ungünstig, denn nachts wird zu wenig ausgleichender Speichel produziert.

Jedem seine Zahnbürste!

Spätestens mit Beginn des zweiten Lebensjahres empfehlen viele Kinder- und Zahnärzte die Verwendung einer speziellen Kinderzahnbürste. Ideal wäre es, dem Kind dreimal am Tag die Zähne zu putzen, also jeweils nach den Hauptmahlzeiten. Ganz sicher aber nach süßen und klebrigen Lebensmitteln. Für das Gewöhnen an die Zahnbürste ist manchmal der Einsatz einer elektrischen Zahnbürste hilfreich, da die Kinder dann durch das Brummen des Motors abgelenkt sind und sich eher spielerisch an die Mundhygiene heranführen lassen.

Eine Zahncreme sollte man im zweiten Lebensjahr noch nicht verwenden, da Kinder noch nicht zuverlässig ausspucken können. Zwar sind Zahncremes nicht giftig, enthalten jedoch zur Kariesprophylaxe Fluoride. Eine übermäßige Zufuhr von Fluoriden schadet dem Organismus und verursacht zudem weiße Flecken auf den Zähnen.

Höchste Zeit für Glas und Tasse

Zahnärzte schlagen seit Jahren Alarm: 20 bis 30 Prozent der Dreijährigen sind bereits an Karies erkrankt! Viele Kleinkinder nuckeln bis zu acht Stunden am Tag an ihrer Flasche. Die Nuckelflasche, gefüllt mit Fruchtsaft, Milch oder Instant-Tee, verursacht Karies – und zwar vor allem an den beiden oberen Schneidezähnen. Den Zähnen also, die das lächelnde Gesicht eines Menschen prägen. Vor allem diese beiden Zähne sind es nämlich, die beim Flaschetrinken am meisten von den in allen Getränken (außer in Wasser und ungesüßtem Tee) enthaltenen Zuckern und Säuren umspült werden. Ärzte nennen die Folgen das »Nursing-Bottle-Syndrom« und raten dazu, spätestens ab dem ersten Geburtstag das Trinken aus der Tasse zu üben.

Eigentlich sollte ein Kind im zweiten Lebensjahr schon keine Flasche mehr mit sich herumtragen. Aber manchen Eltern ist es eben bis zum ersten Geburtstag des Kindes nicht gelungen, die Flasche aus dem Haus zu bringen. Zahnärzte warnen dringend davor, leichtfertig weiterhin die Flasche zu geben, vor allem zum Trösten und Einschlafen. Zwar wissen heute die meisten Eltern, dass man keinen gezuckerten Tee in die Flasche füllen darf, aber es hat sich noch nicht allgemein herumgesprochen, dass auch verdünnte Säfte die Zähne angreifen können. Auch Fruchtsäuren sind, wie der Name schon sagt, Säuren, und auch die können aggressive Schmelzzerstörer sein.

Wie eingangs beschrieben ist nicht jedes Kind gleichermaßen anfällig für Karies. Fest steht aber, dass alle Kohlenhydrate, damit auch Milch (darin ist das Kohlenhydrat Milchzucker enthalten), die Zähne schädigen können. Denn Kohlenhydrate werden im Mund in Zucker zerlegt und dann von den Bakterien als Nahrung benutzt bzw. zu Säuren verstoffwechselt.

Übrigens haben alle Flaschen diesen Effekt, weil die Zähne beim Trinken dabei permanent umspült werden. Selbst die so genannten Trinklerntassen – Schnabeltassen mit Stehaufmänncheneffekt – können durch die saugend-nuckelnde Trinktechnik Karies fördern, ebenso wie Fahrradflaschen.

Haben Eltern ihrem Kind bisher die Flasche zur freien Verfügung gelassen, müssen sie sich auf einen harten Umgewöhnungsprozess gefasst machen. Bei vielen Kindern ist es das Beste, die Flasche von einem Tag auf den anderen aus dem Verkehr zu ziehen. Das kann zwar vor allem am Abend zu heftigen Protesten führen, aber je konsequenter Eltern jetzt sind, desto eher hat die Sache ein Ende.

Genug Flüssigkeit – auch ohne Flasche
Der »Entzug« von der Flasche muss zwar konsequent, aber auch behutsam erfolgen. Das bedeutet vor allem, dass dem Kind immer reichlich zu trinken angeboten wird, damit es nicht das Gefühl bekommt, es müsse nun Durst leiden. Ein- bis dreijährige Kinder brauchen immerhin fast einen Liter Flüssigkeit pro Tag.

»Flaschenentzug« als wesentlicher Entwicklungsschritt

Zum eigenen Trost und zu ihrer Rechtfertigung sollten sich Eltern sagen: Langes Nuckeln an der Flasche könnte unter Umständen auch einem problematischen Kompensationsverhalten im Erwachsenenalter Vorschub leisten. Wenn Eltern ihr Kind beobachten, werden sie feststellen, dass es häufig auch dann »zur Flasche greift« (!), wenn es gar keinen Durst haben kann, etwa weil es gerade getrunken oder gegessen hat. Dann liegt der Verdacht nahe, dass ein beliebiges Missempfinden mit dem Gefühl von Lutschen und Schlucken besänftigt werden muss. Wie Kinderpsychologen und Verhaltensbiologen wissen, kann dieser Mechanismus sich schnell verfestigen. Das Kind hat gelernt: Wenn ich mich nicht wohl fühle, stecke ich mir etwas in den Mund, nuckle und lutsche ein wenig, und schon geht es mir besser. Ein ganz ähnliches Muster entsteht, falls ein Kind immer dann die Flasche bekommt, wenn es »Ruhe geben« soll, beispielsweise, weil man Besuch hat oder weil man im Wartezimmer die Mitpatienten schonen möchte. Das Kind lernt: Ich darf mein Unwohlsein möglichst nicht mitteilen, denn das stört. Besser sollte ich mich mit Lutschen und Nuckeln beschäftigen, wenn ich mich nicht wohl fühle. Ich will damit nicht behaupten, dass diese Kinder allesamt im Erwachsenenalter ihre Bedürfnisse nicht durchsetzen, Probleme nicht erkennen und lösen und eine Sucht entwickeln werden, doch Grundsteine für solche selbstschädigenden Verhaltensweisen werden dadurch schon gelegt, das ist nachgewiesen. Experten sagen: Hier wird späterem Suchtverhalten der Boden bereitet und Hilflosigkeit erlernt (vgl. Martin Seligmann: Erlernte Hilflosigkeit, siehe Literaturhinweise, Seite 220).

Haben Eltern das Gefühl, dass ihr Kind die Flasche am allerwenigsten zum Durstlöschen, sondern hauptsächlich zum Trösten und Beruhigen benutzt hat, dann sollten sie besonders aufmerksam verfolgen, in welchen Situationen das Kind die Flasche verlangt oder nimmt (falls es bislang gewohnt war, sich die Flasche immer selbst zu nehmen). Vater und Mutter sollten überlegen, was sie dem Kind statt der Flasche anbieten können. Hilft vielleicht Auf-dem-Schoß-sitzen und Vorlesen? Hat das Kind gerade etwas Aufwühlendes erlebt und braucht ein wenig Zuspruch und beruhigende Worte? Fühlt es sich in einer Situation überfordert, etwa weil die Nachbarin so laut auf es einredet oder weil ein Gastkind sich in seinem Zimmer benimmt, als gehöre alles ihm?

Unangenehmes wahrzunehmen und nach Lösungen zu suchen – das macht ganz wesentlich einen reifen Menschen aus. Der Weg dorthin ist, wie wir alle wissen, lang und mühsam. Deshalb ist es wichtig, dass Kinder von ihren Eltern lernen, Unzufriedenheit wahrzunehmen und angemessen damit umzugehen. Je länger man Unangenehmem aus dem Weg geht und sich durch Ersatzhandlungen tröstet, desto größer werden in der Regel die Probleme. Selbstverständlich muss es einem Zweijährigen erlaubt sein, ein wenig zu jammern und zu quengeln.

> **Dauernuckeln fördert Sprachfehler**
> Kinder, die ihre Nuckelflasche wie ein unentbehrliches Utensil mit sich im Mund(!) herumtragen, entwickeln mitunter einen ganz charakteristischen Sprachfehler, das so genannte Konsonantenstammeln. Zungen- und Mundmuskulatur werden durch das ständige Saugen und Nuckeln nur sehr einseitig trainiert.

Hautpflege

Noch immer ist die Haut des Kindes sehr zart – auch wenn man jetzt nicht mehr von Babyhaut spricht. Die Haut eines Kindes im zweiten Lebensjahr ist im Vergleich zur Haut größerer Kinder oder gar zu der Erwachsener noch unreif. Sie ist nicht nur dünner, ihre Abwehrkräfte sind auch geringer. Deshalb muss man sie sorgsam behandeln. Das bedeutet weniger, dass nun bestimmte Pflegeprodukte angesagt wären. Vielmehr muss man sie vor zu viel Sonne, Seife und Wasser schützen!

Schmutzige Kinder – vernachlässigte Kinder...? Auf keinen Fall darf dieser Eindruck entstehen! So denken viele Mütter und stecken ihr Kind lieber ein Mal mehr in die Wanne. Dabei fühlen sich Kinder, die den ganzen Tag draußen waren, die verschwitzt sind, Sand in den Haaren und Erde unter den Fußnägeln haben, gar nicht schmutzig. Diese Kinder sind oft sehr glückliche Kinder und haben obendrein eine sehr gesunde Haut.

Denn warmes Wasser, Badezusätze oder Seife können der Kinderhaut mehr Schaden zufügen als die Spuren eines intensiven Bodenkontakts. Es reicht, wenn Gesicht, Füße, Po und Genitalbereich täglich gewaschen werden. Die einzige Region, die wirklich mehrmals am Tag und ausgiebig Seife sehen muss, sind die Hände. Ansonsten genügt zum Waschen warmes Wasser.

Selbst Erwachsenen raten Dermatologen mittlerweile von der täglichen Dusche ab – vom Vollbad ganz zu schweigen! Warmes und erst recht heißes Wasser zerstört den natürlichen Säureschutzmantel und die normale Bakterienbesiedelung der Haut und macht sie anfälliger für Infektionen.

Kinderhaut muss ohnehin noch lange üben, nämlich etwa bis zum zwölften Lebensjahr, damit sie alle (Selbst-)Schutzfunktionen übernehmen kann. Nach einem heißen Bad muss der junge Säureschutzmantel quasi »von vorne« anfangen. Die Regel unserer Urgroßeltern, einen Badetag pro Woche abzuhalten, war also gar nicht so dumm – auch wenn die Gründe dafür damals mit Sparsamkeit bzw. der vergleichsweise spartanischen Ausstattung der sanitären Anlagen zu tun hatten.

Wenn das Kind krank wird

Kleine Kinder sind öfter mal krank, was in aller Regel nicht weiter schlimm ist. Ihr Immunsystem befindet sich noch in der Übungsphase, sie schnappen gewissermaßen alles an Krankheitserregern auf, was des Weges kommt. Das sollte Eltern keine große Sorge bereiten. Selbst sehr anfällige Kinder können als Erwachsene erstaunlich robust sein.

Kann man so kleine Kinder schon abhärten?
Eine »Abhärtung« nach den Regeln von Sebastian Kneipp (z. B. Wechselduschen) ist für Kinder höchst selten ein Vergnügen. Solche Maßnahmen sind auch nicht unbedingt notwendig. Eine Stärkung des Immunsystems erzielt man, indem man das Kind für den Spaziergang oder für den Gang zum Spielplatz nicht zu warm anzieht. Und fast noch wichtiger: jeden Tag an die frische Luft – bei jedem Wetter! Viel Bewegung und eine gesunde Ernährung mit reichlich Obst und Gemüse unterstützen ebenfalls die Abwehrkräfte.

Natürlich heilen – auch schon so kleine Kinder?

Je kleiner die Kinder, umso unsicherer sind Eltern, was im Krankheitsfall zu tun ist. Also gehen sie sicherheitshalber zum Kinderarzt. Nicht immer kommen sie ganz zufrieden wieder aus der Praxis, denn auf dem Rezept stehen womöglich Medikamente, die stärkere Nebenwirkungen mit sich bringen können.

»Sanfte« Medizin ist nicht nur sanft

Dazu nur am Rande: keine Wirkung ohne Nebenwirkungen! Das spricht auf keinen Fall generell gegen konventionelle Medikamente. Man sollte auch den Segen der modernen Medizin sehen, sollte sich auch vergegenwärtigen, welche Spätschäden beispielsweise Antibiotika verhindern helfen, man denke nur an bleibende Schäden am Herzen durch Scharlach-Erreger.

Glücklicherweise haben Kinder meist »banale Infekte«, bei denen man nicht gleich mit Kanonen auf Spatzen schießen muss. Die so genannten alternativen Heilmethoden bringen immer eine besonders sinnvolle Nebenwirkung mit sich: Sie brauchen meist viel Zeit und Zuwendung, wenn sie richtig angewendet werden. Zeit und Zuwendung sind Elemente, die für sich allein kleine Kinder schon gesünder machen können. Ein krankes Kind muss sich geliebt, geborgen und umsorgt fühlen, damit es die Kraft bekommt, mit diesem Missempfinden, das eine Krankheit nun mal mit sich bringt, fertig zu werden.

Auch in der »sanften« Medizin gilt: Die Therapie muss exakt durchgeführt werden, andernfalls kann sie wirkungslos bleiben oder sogar schaden. Das gilt auch für die wieder sehr beliebt gewordenen Wickel. Man muss die Anwendungs-Regeln möglichst genau beachten, damit sie dem Kind wirklich Linderung bringen und ihm nicht noch zusätzlichen Schaden zufügen. Wickel sind, ebenso wie Massagen, zeitaufwändige Maßnahmen. Ein Zäpfchen ist schnell gegeben, ein paar Tropfen sind es auch. Wickel anzulegen (oder Massagen durchzuführen) ist fast ein

wenig wie eine Meditation oder eine Energieübertragung, eine Art Heilritual.

Was man über Wickel wissen sollte

- Sie können anstrengend sein und je größer die umwickelte Hautregion, desto größer die Anstrengung.
- Für »kalte« Wickel sollte man kein eiskaltes Wasser nehmen.
- Der Körper muss wirklich an allen Stellen (z. B. auch an den Händen) warm sein, wenn man ihm einen kalten Wickel angedeihen lässt. Fröstelt das Kind, beispielsweise weil das Fieber noch im Anstieg begriffen ist, dann hat ein kalter Wickel eher einen negativen Effekt.
- Kalte Wickel sollten nicht zu sehr ausgewrungen werden. Der Sinn dieser Art von Wickeln ist ja, dass sie nass sind und so dem Körper Wärme entziehen können. Sind sie zu stark ausgewrungen, erzeugen sie dagegen Wärme.
- Deshalb ist es auch so wichtig, dass die Wickel abgenommen werden, wenn sie trocken geworden sind – oder wenn sie sich nach längerer Zeit noch immer feuchtkalt anfühlen.
- Für einen Wickel sollten nur Naturmaterialien verwendet werden.
- So funktioniert der klassische Wickel: Innentuch aus Leinen (notfalls Geschirrtuch oder Babywindel oder ein rohseidenes Halstuch, das nicht mehr getragen wird), Zwischentuch aus saugfähiger Baumwolle und Außentuch aus Wolle (notfalls Frotteehandtuch oder Flanelltuch).

Spezielle Wickel

Wickel kann man auch mit verschiedenen »Aufstrichen« versehen: Quark, zerdrückte Kartoffeln, verschiedene selbst gemachte Pasten oder Salben eignen sich dafür. Wenn man sich Tipps für Wickel aus Zeitschriften oder Büchern holt, sollte man immer das Alter des Kindes beachten.

- *Wickel bei Fieber und Halsschmerzen:* Tuch fingerdick mit Ma-

gerquark bestreichen, zusammenrollen und auf eine Wärmeflasche, auf die Warmhalteplatte des Herdes oder auf einen
Heizkörper legen. Den angewärmten Wickel um den Hals
schlingen und mit einem Wollschal umwickeln. Der Wickel
soll liegen bleiben, bis der Quark trocken ist, das dauert in der
Regel etwa drei Stunden.

– *Massage bei Husten:* Rücken und Bauch werden mit einem
Massageöl, das möglichst Substanzen wie Eukalyptus oder
Latschenkiefer enthalten sollte, allerdings nicht zu aufdring-
lich riechen darf, massiert. Der Raum sollte zu diesem Zweck
gut beheizt sein, damit das Kind nicht auskühlt. Bauch und
Rücken jeweils etwa vier bis fünf Minuten massieren, dann
einen Schlafanzug oder ein T-Shirt anziehen und gut zudecken. Es wäre noch heilsamer, wenn das Kind danach mindestens eine halbe Stunde schlafen könnte.

– *Wadenwickel bei Fieber ab 39 Grad Celsius:* Die Tücher in der bereits beschriebenen Reihenfolge anwenden. Sie müssen zwischen Knöchel und Knie liegen, sollten nicht kleiner sein,
aber auch nicht darüber hinausreichen. Die Füße müssen auf
jeden Fall frei bleiben. Fachgerecht wechselt man Wadenwickel alle zehn Minuten und macht nach dreimaligem
Wechsel eine Pause von mehreren Stunden oder belässt es
bei dieser Maßnahme, wenn das Fieber etwas gesunken ist.

– *Massage bei Bauchkrämpfen (Verstopfung oder Blähungen):* Im
Uhrzeigersinn streicht man mit einer Hand am Rippenbogen
entlang, die linke Seite hinunter, auf der rechten Seite wieder
hinauf. Die massierende Hand sollte warm sein. Verwendet
man krampflösendes Kümmel- oder Melissenöl, tut man dem
Kind zusätzlich etwas Gutes.

– *Wickel bei Ohrenschmerzen:* Eine klein gehackte Zwiebel wird in
ein Leinensäckchen oder in ein Taschentuch gewickelt und
wie der Quarkwickel (siehe oben) erwärmt. Sodann kommt
das kleine Päckchen auf das schmerzende Ohr und wird mit
einer Mütze, einem Stirnband oder einem Kopftuch fixiert.

Man kann die Wirkung noch steigern, indem man das Kind sich mit dem kranken Ohr auf eine Wärmeflasche legen lässt. Dauer der Anwendung: etwa eine halbe Stunde. Bei Ohrenschmerzen sollte man allerdings immer zuerst einen Facharzt befragen, ob noch andere Maßnahmen notwendig sind. Mit einer Mittelohrentzündung ist nicht zu spaßen, auch wenn man heute nicht mehr bei jedem derartigen Infekt gleich zu Antibiotika greift. Doch welches Medikament letztendlich gegeben werden muss, darüber sollte ein erfahrener Arzt entscheiden.

Kleines Homöopathie-Brevier

200 Jahre lange Erfahrungen gibt es mittlerweile in der Homöopathie, der Heilkunde Samuel Hahnemanns, der Ähnliches mit Ähnlichem zu lindern wusste. In den letzten Jahren erlebte die Homöopathie besonders in der Kinderheilkunde eine Renaissance, weil immer mehr Eltern kein Vertrauen mehr in die pharmazeutischen Präparate hatten, die tatsächlich häufig nur das jeweilige Symptom zu kurieren versuchen.

Kinder sprechen auf homöopathische Arzneien besonders gut an, da ihre Selbstheilungskräfte noch ganz »unverdorben« sind. Die meisten Kinder haben keine Vorerkrankungen, sie rauchen nicht, trinken nicht, essen nicht ständig zu fett, zu süß, zu viel und sie sind glücklicherweise in aller Regel nicht durch tragische Lebensereignisse geschwächt.

Man weiß heute, dass sich das körpereigene Abwehrsystem bis etwa zum siebten Lebensjahr aufbaut. In diesen Jahren ist das Immunsystem besonders empfindlich gegenüber Belastungen und schädlichen Substanzen, aber auch empfänglich für gesundheitsfördernde Maßnahmen. Gerade deshalb werden homöopathische Heilweisen von Ärzten wie von Eltern bevorzugt. Homöopathische Arzneien bringen die Selbstheilungskräfte gewissermaßen mit einem sanften Schubs dazu, sich zu entfalten.

Bei der Wahl des richtigen Präparats muss man mit Sorgfalt

und Bedacht vorgehen. Homöopathische Arzneien können zwar nicht schaden, aber sie nutzen wenig, wenn man den Patienten – in diesem Fall das Kind – nicht genau beobachtet hat oder zu wenig kennt.

Der Platz in diesem Buch reicht natürlich nicht aus, um ausführlich auf die homöopathische Behandlung von kleinen Kindern einzugehen. Deshalb sollen hier nur einige wenige Mittel aufgeführt und kurz beschrieben werden, die auch der Laie bzw. der in der Homöopathie Unerfahrene einsetzen kann und die sich deshalb in der kleinen homöopathischen Hausapotheke befinden sollten:

– *Arnica D12:* Unruhe (nach Schreckerlebnis), Schlafprobleme (wegen Unruhe und Übermüdung).

– *Aconitum D12:* Ängste (nach großem Schrecken, schlechter Schlaf, schlimme Träume), Infekt (Beginn um Mitternacht, Schüttelfrost mit rasch steigendem Fieber), Ohrenschmerzen (plötzliches, stürmisches Einsetzen, häufig um Mitternacht; das Kind kann nicht still liegen, weint und wimmert vor Schmerzen).

– *Apis mellifica D6:* Halsentzündung (stechender und brennender Schmerz, rote Rachenschleimhaut).

– *Arsenicum album D12:* Einschlafstörungen (oft wegen bedrückender Familienatmosphäre).

– *Belladonna D6:* Schlafstörungen (mit nächtlichem Hochschrecken), Infekt (Beginn am Spätnachmittag oder Abend, rasch steigendes Fieber), Schnupfen (Fließschnupfen mit wunder Nase und Oberlippe), Halsentzündung (plötzlich einsetzende Halsschmerzen, Rachen ist rot, glänzend, trocken, Drang zu dauerndem Schlucken), Ohrenschmerzen (plötzlicher Beginn, meist am späten Nachmittag oder Abend, Schmerzen können auch in Gesicht und Nacken ausstrahlen, das Ohr ist rot, heiß, berührungsempfindlich), Bindehautentzündung (plötzlicher Beginn, starke Lichtempfindlichkeit, Unruhe).

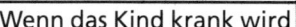

- *Bryonia D6:* Reizbarkeit (mit Wortkargheit, Ungeduld, abweisendem Verhalten), Husten (harter, trockener Husten mit stechendem Brustschmerz, Bewegungen provozieren Hustenanfall), Übelkeit (nach zu vielen kalten Getränken).
- *Cepa D6:* Schnupfen (Fließschnupfen, heftiger Niesreiz, starker Tränenfluss), Bindehautentzündung (starke Tränenbildung, Schmerzen).
- *Gelsemium D12:* Angst und Unruhe (nach Schreckerlebnis, Zittern am ganzen Körper, Tragen auf dem Arm hilft), Infekt (wechselhaftes Fieber, Lustlosigkeit, verquollenes Gesicht).
- *Nux vomica D12:* Schnupfen (Fließschnupfen tagsüber, nachts trockene Nase, heftiger Niesreiz), Halsentzündung (zunehmendes Kratzen und Kitzeln im Hals), Blähungen (kolikartige Schmerzen, deutlich hörbare Magen-Darm-Geräusche).
- *Pulsatilla D12:* Traurigkeit (mit vielen Tränen, Trost und Zärtlichkeiten helfen), Verlassensangst (auch für schüchterne Kinder), Einschlafstörungen (Nachmittagsmüdigkeit, Wachheit am Abend), Schnupfen (dickes, gelb-grünliches Sekret), Ohrenschmerzen (allmählicher Beginn, das Ohr ist rot, heiß und geschwollen, Schwerhörigkeit), Sonnenallergie (Ausschlag und »Hitzepickelchen«), Bindehautentzündung (Jucken, Brennen), Übelkeit (nach »Durcheinanderessen«).

Standarddosis für Kinder: fünf Globuli oder eine Tablette. Das Mittel sollte möglichst jeweils eine Stunde vor oder nach dem Essen gegeben werden. Nicht mit Wasser oder Saft schlucken, sondern unter der Zunge oder in der Backentasche langsam zergehen lassen. Bei akutem Beschwerdebild gibt man zu Anfang zwei- bis dreimal fünf Globuli oder eine Tablette im Abstand von einer oder einer halben Stunde. Wenn sich nach zwei bis drei Stunden keine Besserung zeigt, ein anderes Mittel wählen bzw. den Arzt fragen. Zeigt sich eine Besserung, gibt man dreimal täglich D6 oder einmal täglich D12, bis die Besserung anhält. Dann sollte man das Mittel absetzen.

Klassische Behandlungsmethoden

Was tun bei Fieber?

Kleine Kinder haben rasch mal Fieber. Eigentlich ist das ein gutes Zeichen, denn die Temperaturerhöhung im Körper deutet darauf hin, dass das Immunsystem richtig reagieren kann: Es tötet durch die höhere Temperatur Krankheitserreger ab.

Dennoch macht den meisten Eltern eine Temperaturerhöhung bei einem kleinen Kind Angst. Doch Fieber an sich ist ja keine Krankheit, sondern das sichere Zeichen dafür, dass der Körper seine Selbstheilungskräfte mobilisiert. Freilich ist sehr hohes Fieber (über 39 Grad) über mehrere Tage hinweg nicht hinzunehmen; da sollte man auf jeden Fall den Kinderarzt fragen, ob Fieber senkende Mittel ratsam sind.

Wadenwickel kann man drei- bis viermal am Tag machen, sobald das Fieber nicht weiter steigt. Dabei ist aber zu berücksichtigen, dass Fieber am Spätnachmittag wieder zu steigen beginnt. Das gehört in aller Regel zum normalen Krankheitsverlauf und spricht nicht gegen das Anlegen von Wadenwickeln.

Fiebernde Kinder sollten viel zu trinken bekommen. Wenn das Kind keinen Durst verspürt – das kann bei Fieber durchaus der Fall sein –, so sollte man es dennoch auffordern, immer wieder mal ein paar Schluck zu trinken.

Medikamente in kindgerechter Form

Kleine Kinder haben wenig Einsehen, wenn Mutter oder Vater mit einem scheußlichen Saft oder bitteren Tropfen nahen. Sie können noch nicht verstehen, dass man manchmal eine Arznei schlucken muss, die gar nicht gut schmeckt, aber das Gesundwerden fördert. Die pharmazeutische Industrie bemüht sich zwar, Kinder-Arzneien möglichst wohlschmeckend zu kreieren, doch es lässt sich nicht immer verhindern, dass zumindest ein bitterer Nachgeschmack bleibt.

Es sollte möglichst nie so weit kommen, dass man ein Kind zwingen muss, eine Arznei einzunehmen. Deshalb ist es ratsam, spielerisch mit diesem Thema umzugehen. Man kann erst der Puppe oder dem Plüschtier symbolisch einen Löffel hinhalten. Bittere Tropfen kann man auf einen weichen Keks oder auf ein Stück Würfelzucker träufeln. Damit sich ein scheußlicher Nachgeschmack gar nicht erst so richtig bemerkbar machen kann, sollte etwas zum Nachessen (z. B. ein Stück Brot oder ein Bissen Banane) oder zum Nachtrinken (stilles Wasser oder verdünnter Saft) bereitstehen.

Nicht immer gleich zum Zäpfchen greifen

Zäpfchen sind Arzneien wie Tabletten oder Saft, kommen nur auf anderem Weg in den Körper. Vielleicht liegt es an diesem anderen Weg, dass Zäpfchen als Medikament häufig nicht ernst genommen werden. Fest steht, dass manche Eltern ziemlich schnell bei der Hand sind mit dem Zäpfchen-Geben, z. B., wenn das Kind am Abend besonders unruhig ist oder wenn es mal ein wenig erhöhte Temperatur hat.

Nach einer Studie der Medizinischen Hochschule Hannover sind in Deutschland überhaupt viele Eltern bereit, ihren Kindern auch bei alltäglichen Beschwerden Medikamente zu verabreichen. Zu Präparaten gegen fieberhafte Infekte (»Fieberzäpfchen«) greifen Eltern demnach besonders häufig.

Interessant dabei: Der Sozialstatus der Eltern hat einen erheblichen Einfluss auf die Neigung zur Arzneimittelgabe: Eltern mit höherer Schulbildung greifen bei Erkältungen oder Befindlichkeitsstörungen wie Husten, Schnupfen, Schmerzen, Unruhe und Schlafstörungen eher zu einem Medikament als Eltern mit weniger anspruchsvollen Schulabschlüssen. Offenbar haben gebildetere Eltern das Gefühl, meistens zu wissen, was ihrem Kind fehlt, und sie gehen wahrscheinlich davon aus, dass sie sich mit Arzneien gut auskennen.

Leben in einer Familie mehrere Kinder, sind Eltern offenbar

gelassener und eher bereit, Hausmittel einzusetzen. Wahrscheinlich weil sie die Erfahrung gemacht haben, dass ein Kind gesundheitliche Beeinträchtigungen auch aus eigener Kraft überwinden kann.

Mit den guten alten Wadenwickeln, den weniger bekannten Apfelessigwickeln oder den Pulswickeln mit Arnika-Essenz kann man Fieber senken, mit einem Thymianbad Schleim lösen, mit Dill-Fenchel-Inhalationen Schnupfen lindern, mit (honiggesüßtem) Malventee gegen Reizhusten vorgehen. Bei Einschlafstörungen kann Kamillentee (evtl. mit Honig und Milch) helfen oder die Massage bestimmter Akupressurpunkte. Einer dieser Punkte befindet sich an der mittleren Handgelenksfalte auf der Seite des kleinen Fingers. Dort kann man eine kleine Vertiefung ertasten und massiert die Stelle etwa eine Minute lang mit dem Zeigefinger.

Die Anwendung von Hausmitteln dauert länger als das Einführen eines Zäpfchens, beschert dem kranken Kind aber Zuwendung satt. Liebe und Zärtlichkeit waren schon immer die effektivsten Heilmittel für Kinder...

Hausapotheke für Kleinkinder
Wenn kleine Kinder mit ganzem Einsatz die Welt erobern, holen sie sich schon mal einen Infekt oder es müssen kleine Wunden verarztet werden. Was Eltern deshalb vorrätig haben sollten: Schmerz- und Fieberzäpfchen, abschwellende Nasentropfen, ein Husten dämpfendes und Schleim lösendes Mittel (für die Nacht), eine Auswahl an Pflastern in verschiedenen Größen, Mikroklistier, Fieberthermometer, bewährte homöopathische Präparate und Rescue-Tropfen (Bach-Blüten). Die Medikamente sollten vom Arzt verschrieben sein und regelmäßig hinsichtlich ihres Verfallsdatums durchgesehen werden.

Regeln für Inhalationen

Wie wohltuend sind heiße Kräuterdämpfe, wenn die Nase »zu« ist und es im Hals kratzt! Die winzigen Wassertröpfchen, die das Kind beim Inhalieren einatmet, durchfeuchten und reinigen die Schleimhäute der oberen Atemwege, regen sie zur besseren Durchblutung an und fördern so die Heilung des Infekts.

Aber kann man kleine Kinder schon inhalieren lassen?

Aber ja! Man muss allerdings einige Vorkehrungen – die sind extrem wichtig – treffen, damit sich das Kind nicht am heißen Topf verbrennt oder ihn gar zu sich herunterzieht und sich verbrüht. Deshalb gilt: Man sollte das Kind auf den Arm nehmen, ausreichend weit vom dampfenden Topf Platz nehmen, sich gemeinsam mit ihm unter ein Badetuch oder Biberbettlaken »verstecken«, ihm nun die Hände festhalten und ganz zuletzt den Topf mit der Inhalationsflüssigkeit näher zu sich ziehen. Der Topf sollte mindestens 20 Zentimeter vom Gesicht des Kindes entfernt stehen.

Wenn das Kind nicht auf dem Schoß sitzen mag, setzt man es in den Hochstuhl. Der Topf muss selbstverständlich auch hier außer Reichweite des Kindes stehen. Andere Möglichkeit: Man gießt die Inhalationsflüssigkeit ins Waschbecken und stellt den Hochstuhl davor.

Gleichgültig, welche Inhalationsform man wählt, auf keinen Fall darf man das Kind auch nur einen Moment aus den Augen lassen, während es inhaliert!

Nach dem Dampfbad geht es ab ins Bett – am besten mit Mama oder Papa. Der ganze Körper ist nun erwärmt und die Zimmertemperatur wird als unangenehm kühl empfunden.

Neben dem guten alten Kamilledampfbad (eine Handvoll Kamillenblüten auf $1^1/_2$ Liter Wasser) gibt es noch einige andere Rezepturen wie z. B. mit Heublumen, Fenchel, Sole-Lösung, Süßholzwurzel oder Efeu. Oder man lässt sich in der Apotheke folgende Mixtur gegen Erkältungsbeschwerden herstellen: 9 g

Eukalyptusöl, 9 g Latschenkiefernöl, 2 g Pfefferminzöl. Drei bis fünf Tropfen dieser Mischung gibt man auf einen Liter heißes Wasser.

So klein und schon Kortison?

Wenn ein Kind Kortison bekommen muss, ist es schwer krank. Das stimmt auch heute noch. In der Tat ist Kortison kein Bagatell-Medikament, aber es hat unverdient noch immer den Ruf, den es in den 60er Jahren verdienterweise hatte. Die damals verfügbaren Präparate hatten vor allem bei langfristiger Anwendung massive Nebenwirkungen.

Darüber hat man ganz übersehen, dass Kortison auch ein Segen sein kann. Es vermag eine Spirale außer Kraft zu setzen, die ansonsten bleibende Schäden hinterlassen könnte. Bei der Kortison-Behandlung von Asthma geht es beispielsweise vor allem darum zu verhindern, dass die Lungenbläschen durch die ständigen Attacken funktionsuntüchtig werden und sich mit den Jahren ein Lungenemphysem – das ist eine unheilbare Lungenveränderung mit ständiger Atemnot und tödlichem Ausgang – entwickelt.

Heute gibt man Kortison hauptsächlich bei schwerer Bronchitis mit Verengung der Luftwege, bei Asthma und bei Hauterkrankungen, die auf andere Medikamente einfach nicht reagieren. Gerade die kortisonhaltigen Hautsalben gegen den quälenden Juckreiz bei Neurodermitis sind heute so ausgeklügelt dosiert, dass sie kaum noch Nebenwirkungen mit sich bringen.

Selbstverständlich sollten kortisonhaltige Präparate immer von einem Arzt verschrieben werden. Es wäre überaus leichtsinnig, sich ein solches Medikament beispielsweise von Freunden, deren Kind einmal damit behandelt worden ist, geben zu lassen, um es beim eigenen Kind einzusetzen.

Pflanzliches mit Nebenwirkungen

Wenn der kleine Spatz krank ist und schon eine Arznei nehmen muss, dann aber bitte eine ohne Nebenwirkungen! So denken viele Eltern und verlangen beim Kinderarzt oder in der Apotheke »etwas Pflanzliches«. Oft nicht ahnend, dass gerade solche Medikamente (wie etwa Efeu-Extrakte gegen Husten) eine ordentliche Portion Alkohol enthalten können. Hinzu kommt, dass viele Eltern ihrem Kind von pflanzlichen Arzneien gern mal ein paar Tropfen mehr geben – im falschen Glauben, Pflanzliches könne ja nicht schaden.

Ab welcher Alkohol-Dosis ein so kleiner Organismus Schaden nimmt, wird sich wohl niemals genau sagen lassen, schließlich will kein Mensch Babys zu Studienzwecken mit Alkoholischem benebeln. Manche Kinderärzte fordern grundsätzlich alkoholfreie Medikamente für Kinder, weil sie fürchten, dass selbst geringste Mengen Alkohol die neuromotorische und zerebrale Entwicklung stören könnten. Pharmazeuten halten dagegen, dass Alkohol in einigen Fällen als Lösungs- und Konservierungsmittel unerlässlich ist und dass bei bestimmungsgemäßem Gebrauch einer solchen Arznei nicht einmal ein Restrisiko bestehe. Andere Lösungsmittel wie etwa Glycerol seien zudem viel weniger erforscht.

Übrigens: Bei homöopathischen Arzneimitteln in Tropfenform ist die Verwendung von Alkohol sogar durch das homöopathische Arzneibuch vorgeschrieben.

Viele Hersteller haben dennoch in den letzten Jahren die Extraktionsverfahren so geändert, dass nun auch alkoholfreie Präparate angeboten werden können. Eltern sollten also ihren Kinderarzt oder Apotheker bitten, ihnen stets diese Alternativen zu nennen.

Der erste Schnee – gleich kosten?

Blütenweiß kommt er vom Himmel, Flocke für Flocke die pure Reinheit ... Trotzdem stürzen viele Eltern entsetzt herbei, wenn sie ihren Zweikäsehoch beim Schneelutschen erwischen. Jeder von uns hat schon mal Schnee gekostet. Aber sicher war er früher sauberer als heute, oder?

Ob das wirklich so ist, darauf können auch Experten keine eindeutige Antwort geben. Fest steht jedoch: Das Bewusstsein der Menschen für mögliche Umweltbelastungen ist enorm gestiegen, gleichzeitig haben verschärfte Umweltbestimmungen dafür gesorgt, dass die Luft und damit die Niederschläge schadstoffärmer geworden sind. Dennoch sind nicht alle Schneeflocken gleich: Was aus dem Himmel über einem Ballungsraum fällt, enthält sicher mehr Schadstoffe als die Flocken, die in ländlicher Idylle zu Boden sinken.

Neuschnee auf dem Land, am Meer oder im Gebirge ist also relativ »sauber«. Da kann man über eine kleine Kostprobe getrost hinwegsehen. Aber auch im Stadtgebiet müssen Mütter nicht gleich das Schlimmste befürchten, wenn ihr Sprössling mal von der frischen weißen Pracht nascht. Vom schadstoffhaltigen Matsch am Straßenrand geht sicher sowieso keine Versuchung aus – die Ähnlichkeit mit leckerem Speiseeis ist einfach zu gering.

Von älterem Schnee zu kosten – davon sollte man Kinder abhalten. In der Zwischenzeit können sich hier eine Menge Schadstoffe abgelagert haben.

Wann den Arzt rufen?

Eltern sind oft unsicher, wann es Zeit ist, zum Arzt zu gehen oder den Notarzt zu rufen. Hier ein paar Grundregeln dazu:

- Bei Fieber über 39,5 Grad, das sich auch durch Wadenwickel nicht senken lässt.
- Wenn Fieber ohne andere Krankheitszeichen länger als 24 Stunden besteht.
- Bei Ohrenschmerzen.
- Bei mehrmaligem Erbrechen.
- Wenn das Kind etwas verschluckt hat.
- Bei Brechdurchfall.
- Wenn das Kind auffallend ruhig und in sich gekehrt wirkt (vor allem, wenn dieses Phänomen nach einem Sturz auftritt).
- Bei Nackensteife (das Kind kann den Kopf nicht zur Brust beugen).
- Wenn das Kind Blut im Stuhl oder im Urin hat.
- Wenn kolikartige Bauchschmerzen länger als eine Stunde andauern.
- Bei Atemnot.
- Wenn sich Husten verschlimmert, schmerzhaft oder bellend wird oder wenn die Atmung erschwert ist.
- Wenn das Kind verwirrt wirkt und nicht ansprechbar ist.
- Bei Krämpfen.
- Nach einem Sturz auf den Kopf.
- ... Und natürlich immer dann, wenn Sie ein »ungutes« Gefühl haben, denn die meisten Mütter haben einen sechsten Sinn dafür, dass etwas mit ihrem Kind nicht stimmt.

Beine und Füße leisten ganze Arbeit

Ein Kind kann erst dann laufen, wenn seine Bein- und Fußmuskulatur dafür reif ist. Ein Leben lang werden von da an diese »Gehwerkzeuge« den Menschen tragen.

Kleine Wonneproppen auf krummen Beinchen

Im zweiten Lebensjahr haben Kinder oft noch eine sehr kompakte Statur: Ein nach wie vor relativ großer Kopf thront fast ohne Übergang auf einem kurzen, gedrungenen Körper mit rundlichem Bäuchlein, Hohlkreuz und O-Beinchen. Das ist die typische Gestalt eines Kindes, das sich vom Vierfüßlerstand gerade erst in die Aufrechte begeben hat. Es weist also eigentlich noch die Statur eines Vierfüßlers auf. Doch im Laufe des zweiten Lebensjahres wird sich die Gestalt des Kindes deutlich verändern, d. h. vor allem strecken. Besondere Sorge machen vielen Eltern die ausgeprägten O-Beine ihres Nachwuchses. Doch auch das ist normal und ganz typisch für dieses Alter. Die Muskeln müssen erst noch kräftiger werden, dann werden auch die Beinchen ganz von selbst allmählich gerade. Ob sich dieser Wachstumsprozess »nach Vorschrift« vollzieht, wird in den Früherkennungsuntersuchungen vom Kinderarzt geprüft.

Erstes Schuhwerk

Werden Füße erst durch Schuhe krank? Immer wieder kann man lesen, dass Naturvölker keine Fußverformungen kennen, wie sie in den zivilisierten Ländern weit verbreitet sind. Je kleiner ein Kind ist, desto weicher sind seine Fußknochen. Also kann man sich vorstellen, dass sich ein ungünstiger Schuh womöglich sehr negativ auf die Fußgesundheit auswirkt. Deshalb sollte man beim Schuhkauf auf Qualität achten. Die muss nicht immens teuer sein, wenn ein Schuh folgende Kriterien erfüllt:

– Genügend Platz für die Zehen, die müssen sich auf- und niederbewegen können und dürfen an den Seiten nicht durch einen geschwungenen inneren Leistenrand eingeengt werden. Wenn die Großzehe in Richtung der anderen Zehen gedrückt wird, fördert das die Entwicklung einer so genannten Ballengroßzehe (»Hallux valgus«).

– Die Sohle darf nicht zu steif sein, denn sonst ist ein Abrollen des Fußes nicht ausreichend möglich.
– Die Sohle darf auch keine Wölbungen aufweisen.
– Die Fußbettung muss stimmen, d. h., sie muss den anatomischen Bedingungen der Fußsohle entsprechen.
– Wichtig ist auch eine Fersenkappe, damit die Ferse Halt hat.
– Der Schuh muss einen festen Schaft haben, soll also knöchelhoch sein, damit die Fesseln gestützt werden.

Die Bezeichnung »Lauflernschuhe« ist übrigens irreführend, denn solche Schuhe fördern nicht das Laufenlernen, sondern sind allenfalls für die Phase des Laufenlernens bestimmt.

Ein allzu großes Drama um die richtigen Schuhe muss man trotz aller wichtigen Punkte aber nicht machen. Vor allem dann nicht, wenn das Kind zu Hause auf Socken (mit Noppen gegen das Ausrutschen) herumlaufen kann. Hausschuhe sind unnötig.

Straßenschuhe werden also nur eine begrenzte Zeit am Tag getragen und können kleine Füße sicher nicht gleich kaputtmachen, wenn sie nicht optimal zum Fuß passen. Die oben genannten Kriterien für den Schuhkauf gelten übrigens auch für »ererbte« oder aus dem Second-Hand-Laden erworbene Exemplare. »Auf Zuwachs« sollten Schuhe allerdings nicht gekauft werden; darin haben die Kinder in aller Regel zu wenig Halt. Das führt dazu, dass sie mit den Zehen die Schuhe »festzukrallen« versuchen oder einen merkwürdig watenden Gang annehmen, um mit der Ferse nicht aus dem Schuh zu rutschen. Außerdem können Kinder in zu großen Schuhen leichter hinfallen.

Die Nacht ist jetzt zum Schlafen da

Im zweiten Lebensjahr nimmt der Schlafbedarf eines Kindes deutlich ab. Man kann das Kind also nicht mehr um sieben Uhr ins Bett bringen und erwarten, dass es bis acht Uhr am anderen Morgen durchschläft. Auch der Mittagsschlaf wird jetzt schon kürzer, manche Kinder wollen sogar gar nicht mehr schlafen.

Mehr und mehr hat das Kind inzwischen seinen Schlafrhythmus gefunden – und damit bekommen auch die Eltern wieder ihren wohlverdienten Schlaf. Doch ganz so paradiesisch ruhig geht es nächtens nicht in allen Elternhäusern zu.

Müdigkeit und Schlafpensum

Der Tag eines Ein- bis Zweijährigen ist anstrengend. Das Kind bewegt sich (hoffentlich) viel, und das besonders an der frischen Luft. Es macht täglich neue Erfahrungen. Kleine Missgeschicke verursachen Stress und machen extra müde. Je müder man ist, desto unkonzentrierter und ungeduldiger ist man. Und desto mehr Missgeschicke passieren. Da ist es an den Eltern, wochentags meist an der Mutter, den Zeitpunkt, zu dem die Müdigkeit sich langsam bemerkbar macht, das Kind aber noch nicht zusätzlich stresst, zu erkennen. Dann ist es Zeit für den Mittagsschlaf.

Der Mittagsschlaf ist auch im zweiten Lebensjahr noch wichtig, wenn auch manch kleiner Wirbelwind da anderer Meinung ist. Das Zu-Bett-Bringen ist manchmal ein schwieriges Unterfangen, weil diese temperamentvollen und wissbegierigen Kinder selten einsehen, dass sie ihre Lust auf Bewegung drosseln oder ihre interessanten Studien unterbrechen sollen. Sie können sich noch nicht sagen: Kein Problem, nachher mache ich weiter.

Die wenigsten Kinder stehen in diesem Alter schon einen ganzen langen Tag ohne diese Erholungsphase durch.

Nachts schlafen die meisten Kinder jetzt durch, eher gibt es in diesem Alter mal Einschlafprobleme. Mehr dazu im Kapitel »Schlaflos im Kinderzimmer«, Seite 211.

Mit Kindern auf Reisen

Kleine Kinder haben noch nichts vom Reisen – sie müssen eben ihren Eltern den Gefallen tun, mit ihnen zu fahren. Deshalb sollte man nicht erwarten, dass ein Ein- bis Zweijähriges einen Urlaub fern von zu Hause besonders genießt. Da gilt es, nicht nur für genügend Unterhaltung zu sorgen, sondern auch dafür gerüstet zu sein, dem Kind den Tapetenwechsel so angenehm wie möglich zu gestalten. Je mehr Vertrautes es an diesem fremden Ort vorfindet, desto besser.

Im zweiten Lebensjahr versteht ein Kind den Sinn eines solchen Ortswechsels nicht. Mein Ältester war knapp zwei Jahre alt, als wir meinten, ihm im nebligen November mit einer Reise an einen südlichen Strand einen Gefallen zu tun. »Geh' mer wieder!«, forderte er uns die ersten Tage auf. Selbst der schöne Sand, die warme Sonne und das aufregende Meer konnten ihm das Heimweh nicht nehmen.

Autofahrten sind oft wahre Abenteuer

Für Kinder mit ihrem großen Bewegungsdrang ist es eine Strafe, Stunden in einem Sitz festgezurrt zuzubringen. Am besten startet man daher in den frühen Morgenstunden, denn dann schlafen die meisten Kinder erst einmal im Auto weiter. Es macht übrigens nichts, wenn das Kind beim Schlafen krumm und schief in seinem Sitz hängt, das sieht zwar wirklich zum Gotterbarmen aus, aber man sollte das Kind dennoch nicht aus dem Sitz nehmen. Die Sicherheit ist nun mal oberstes Gebot, und die kann nur der Sitz bzw. Gurt gewährleisten.

Wenn es sich einrichten lässt, sollte man auf längeren Strecken immer einen zweiten Erwachsenen dabei haben. Fahrer und Kind »zu zweit allein« – das kann ziemlich furchtbar werden. Wer fährt, ist nun mal nicht in der Lage, sich dem Kind zuzuwenden, kann es weder trösten noch unterhalten noch ihm etwas zu trinken geben. Schon nach kurzer Zeit fühlt es sich im Fond des Wagens verlassen und beginnt zu quengeln. Das erhöht das Unfallrisiko, denn die Aufmerksamkeit des Fahrers sinkt und sein Adrenalinspiegel steigt.

Wichtig ist auch: Wenn man keine Klimaanlage im Auto hat – was fast ein Muss ist, wenn man mit kleinen Kindern reist –, sollte man im Sommer die Tageszeit zum Reisen mit Bedacht

auswählen. Nichts ist schlimmer als bei 30 Grad im Schatten (die Innentemperatur im Auto kann dann auf über 50 Grad steigen) im Stau zu stehen. Das ist für jeden Menschen eine Qual, aber kleinen Kindern kann man noch nicht einmal erklären, weshalb sie stundenlang so leiden müssen. Überdies geraten sie schneller als größere Kinder in Gefahr auszutrocknen, wenn sie nichts oder zu wenig zu trinken bekommen.

Wer keine Klimaanlage hat, sollte wenigstens mit den im Handel erhältlichen Sonnenblenden für die Seitenfenster für Schatten sorgen. Diese Blenden schützen das Kind vor direkter Sonneneinstrahlung und verhindern, dass sich das Auto zu sehr aufheizt.

Was noch einmal betont werden soll: Gerade kleine Kinder brauchen auf Reisen mehr zu trinken als sonst.

Eiserne Regeln für heiße Reiseziele
- Leitungswasser, Eiswürfel, offene Fruchtsäfte, Salate und Speiseeis unbedingt meiden.
- Die Zähne nur mit Mineralwasser aus der Flasche putzen.
- Milch vor dem Trinken abkochen.
- Nie barfuß laufen – es könnten Würmer oder Larven in die Haut eindringen.
- So oft wie möglich Hände waschen.
- Auch zutrauliche herumstreunende Tiere niemals streicheln – Tollwut und Hautpilze drohen!

UV-Licht muss sein – aber nur ganz wenig!

Wer in den letzten Jahren etwas über Sonnenschutz und Hautkrebs gelesen hat, musste fast annehmen, dass die Sonne ein natürlicher Feind der Menschheit ist. Nicht erwähnt wird dabei meist, dass wir UV-Licht brauchen, damit aus einer Vorstufe in unserer Haut Vitamin D gebildet wird. Vitamin D trägt zur Knochenstabilität bei.

Die Warnungen vor zu intensiver Sonnenbestrahlung muss man dennoch ernst nehmen. Denn zur Bildung von Vitamin D benötigen wir nur eine sehr geringe Dosis an UV-Strahlung. Die bekommen wir im Freien auch an bedeckten Tagen.

Je kleiner ein Kind ist, umso mehr ist es gefährdet, sich einen Sonnenbrand, also eine Schädigung der Haut, einzuhandeln. Die Haut ist noch sehr dünn und hat zu wenige Pigmente, um sich vor der schädigenden Wirkung des UV-Lichts zu schützen.

Eine weitere Gefahr für Kleinkinder: ein Sonnenstich. Hält sich ein kleines Kind ohne Kopfbedeckung (und ohne dichtes Haar, wie das bei den meisten Kleinkindern der Fall ist) in der Sonne auf, kann sich die Temperatur des Gehirns um 1,5 bis 2,5 Grad erhöhen. Die Folge: Dem Kind wird übel, es muss sich möglicherweise übergeben, schlimmstenfalls verliert es das Bewusstsein; ein leichterer Sonnenstich macht sich durch einen roten, heißen Kopf und durch Fieber bemerkbar. Sofortmaßnahmen: Das Kind in einen kühlen, abgedunkelten Raum bringen, hinlegen und zu trinken geben. Am besten sind Tee oder verdünnter Fruchtsaft mit einer Prise Salz.

Der häufig etwas flapsig gebrauchte Begriff »Sonnenstich« verharmlost die Gefahr, dass ein ausgeprägter Anstieg des Hirndrucks, der durch einen schweren Sonnenstich zustandekommen kann, lebensgefährlich ist. Sollte also ein Kind nach längerem Aufenthalt in der Sonne das Bewusstsein verlieren und womöglich Krämpfe bekommen, muss es sofort in eine Kinderklinik (gar nicht erst zum Kinderarzt)!

Sicherheit an Fenstern, Balkonen und im Garten

Man staunt immer wieder darüber, wie erfinderisch kleine Kinder sein können, wenn es gilt, an ein bestimmtes Ziel zu kommen. Empfehlenswert sind deshalb abschließbare Fenstergriffe oder Sicherheitsscharniere, mit denen sich ein Fenster höchstens eine Handbreit öffnen lässt. Die normalen Fensterverriegelungen lassen sich leicht gegen die Sicherheitsgriffe austauschen.

Um einen Balkon kindersicher zu machen, muss man schon mehr Aufwand betreiben. Wenn man zur Miete wohnt, muss man zudem vorher den Vermieter um Erlaubnis fragen. Ob Gitter, Netz, Glas- oder Acrylwand – man braucht seine Genehmigung. Ausnahmen bilden bestimmte Arten von Gittern; welche das sind, erfährt man beim Mieterbund. Den besten Schutz bietet ein straff gespanntes und sicher verankertes Netz oder eine sorgfältig montierte Acrylwand. Die Höhe der Balkonbrüstung muss mindestens 80 Zentimeter betragen. Liegt sie darunter, kann man vom Vermieter eine Erhöhung verlangen.

Auch wenn Gitterstäbe weiter als 7,5 Zentimeter auseinander stehen, das Kind also den Kopf zwischen zwei Stäben durchstecken könnte, muss man etwas unternehmen. Am besten eignet sich ein Segeltuch, das man auf der Innenseite das Balkons vor die Stäbe spannt. So ein Segeltuch ist auch ein guter Schutz, wenn Querlatten an der Brüstung dem Kind das Hinaufklettern ermöglichen könnten.

Die häufigste Todesursache von zweijährigen Kindern ist das Ertrinken. Solche Unglücke passieren übrigens keineswegs am häufigsten an offenen Gewässern wie Seen und Meeren, sondern viel eher im eigenen oder in Nachbars Garten. Und da wiederum ist es keineswegs der viel zitierte Swimmingpool (schließlich hat nicht jede zweite Familie einen Pool im Garten), sondern viel häufiger werden Regentonnen, flache Tümpel, ja sogar Pfützen zu tödlichen Fallen, in denen kleine Kinder ertrinken.

Etwa bis zum siebten Lebensjahr gibt es bei Kindern auch das so genannte »trockene Ertrinken«. Das Kind ertrinkt nicht im bekannten Sinn, weil sich die Atemwege mit Wasser füllen, sondern weil ein an sich lebensrettender Reflex einsetzt: Seine Atemwege verschließen sich automatisch, wenn Wasser von außen in die Nähe des Kehlkopfes kommt.

Kleine Kinder sind aber auch aus einem weiteren Grund

gleichsam dafür prädestiniert, ins Wasser zu fallen. Weil ihr Kopf im Verhältnis zum Körper noch sehr groß ist, liegt ihr Schwerpunkt nicht in der Körpermitte wie bei Erwachsenen, sondern im Brustbereich – sie kippen also leichter vornüber, wenn sie sich herunterbeugen.

Eltern sollten ihr Kind deshalb niemals allein an einer wie auch immer gearteten Wasserstelle lassen. Selbst ein einminütiger Toilettengang von Mutter oder Vater kann verhängnisvoll sein. Regentonnen sollten immer verschlossen sein, auch wenn es auf den ersten Blick so aussieht, als könne das Kind da gar nicht bis zum Rand hochklettern. Man sollte sich bewusst machen, dass die Fantasie der Erwachsenen meist nicht ausreicht, um sich auszumalen, was neugierigen spielenden Kindern so alles einfällt.

Vorbeugung gegen Verbrennung

Verbrühungen und Verbrennungen kommen im Kindesalter sehr häufig vor. Ab dem zweiten Lebensjahr ist jedes Kind, das sich an Möbelstücken (oder eben beispielsweise am Herd) hochzieht, in Gefahr. Ein so kleines Kind kann nicht im Geringsten einschätzen, welche Bedrohung ein Topf kochendes Wasser oder eine offene Grillstelle darstellt. Ein Kind im zweiten Lebensjahr kann es weder verstehen noch im Gedächtnis behalten, wenn man ihm erklärt, wie gefährlich Herdplatten und Feuerstellen sind. Deshalb müssen auch hier Eltern als Schutzengel fungieren und Vorbeugungsmaßnahmen treffen.

– Der Herd muss zur Hochsicherheitszone erklärt werden. Ein kleines Kind sollte unter keinem Umständen allein in der Küche sein, wenn der Herd in Betrieb ist. Mit speziellen Gittern kann man das Kind zumindest davor bewahren, dass es in einem unbeobachteten Moment einen Topf mit heißem Inhalt zu sich herunterzieht. Doch man sollte auch berücksichtigen, dass Kinder besonders in der zweiten Hälfte des zweiten Lebensjahres schon sehr mobil und erfinderisch sind und sich Stühle oder andere Steighilfen an die Stelle schieben, auf die sich ihre Neugier konzentriert.

– Auch wenn man gerade mit dem Kochen beschäftigt ist, können Missgeschicke passieren. Beispiel: Man nimmt einen Topf mit fertig gekochten Nudeln von der Kochstelle, um ihn zur Spüle zu tragen und dort das Wasser abzugießen – und übersieht das am Boden spielende Kind ... stolpert und verschüttet womöglich etwas von dem kochend heißen Wasser.

– Die Grillsaison kostet alljährlich einigen Menschen ihre Hautgesundheit, leider sind darunter besonders viele Kinder. Sie stehen beispielsweise zu dicht am Grill, wenn ein wenig umsichtiger Erwachsener Spiritus nachgießt. Eine Stichflamme oder gar eine Explosion kann Gesicht und Oberkörper des Kindes (oder anderer Umstehender) treffen. Das Kind ist fürs Leben gezeichnet! Deshalb: Beim Grillen das Kind nicht aus den Augen lassen und es bei Manipulationen am Grill in sichere Entfernung bringen!

– Kaminfeuer macht man am besten nur, wenn kleine Kinder im Bett sind. Selbst wenn sich eine Schutzscheibe vor der Feuerstelle befindet, ist die Gefahr einer Verbrennung nicht gerade gering. Diese Scheibe wird so heiß wie eine auf hohe Stufe geschaltete Herdplatte.

ERNÄHRUNG

Während die Gewichtszunahme eines Babys vor allem in den ersten Lebensmonaten beinahe wöchentlich zu beobachten ist, nimmt ein Einjähriges im Durchschnitt nur noch 30 bis 60 g pro Woche zu. Es wöchentlich auf die Waage zu stellen, wäre also Unsinn. Vor allem, weil es absolut normal ist, wenn ein Kind mal mehr und mal weniger zunimmt. Jeder Mensch bringt eine gewisse Konstitution mit auf die Welt, danach richtet sich sein Appetit und seine Gewichtszunahme. Deshalb genügt es jetzt, das Kind im vierteljährlichen Rhythmus zu wiegen. Es gibt einige wenige Gründe, das Kind häufiger auf die Waage zu stellen, etwa wenn es krank gewesen ist und man seine Genesung kontrollieren möchte. Oder wenn man den Eindruck hat, das Kind habe deutlich zu viel zugenommen oder abgenommen.

Vollwertiges Mitglied der Tafelrunde

Im zweiten Lebensjahr kann ein Kind schon fast alles mitessen, was in der Familie auf den Tisch kommt. Die Speisen müssen zunächst zwar noch in »Zwergenhäppchen« zerteilt werden und man sollte darauf achten, dass die Kost nicht zu stark gesalzen oder anderweitig scharf gewürzt ist (zu viel Salz ist ja bekanntlich auch für Große nicht besonders gesund). Die Nieren eines Kleinkindes verkraften noch nicht so viel Salz und seine Geschmacksnerven »sehnen« sich nicht nach Salzigem.

Am besten Mischkost

Die von allen namhaften Instituten der Ernährungsforschung empfohlene »Optimierte Mischkost« ist auch für das einjährige Kind gut bekömmlich. Zwischenmahlzeiten aus Apfel-, Bananen- oder Birnenstückchen, aus Karotten-, Paprika- oder Kohlrabischnitzen sind ebenso gesund wie z. B. Vollkornzwieback oder Dinkelbrötchen. Fertigprodukte wie Fruchtjogurts, Quarkspeisen oder Puddings enthalten fast ausnahmslos sehr viel

Zucker; deshalb sollte man diese Speisen eher unter der Rubrik »Süßigkeiten und Naschwerk« sehen und entsprechend sparsam anbieten.

Als Getränke eignen sich – und das gilt ebenfalls für jedes Alter – am besten Mineralwasser oder verdünnte Säfte. In den meisten Regionen Deutschlands ist das Leitungswasser von so guter Qualität, dass man es auch kleine Kinder bedenkenlos trinken lassen kann. Unser Trinkwasser ist das am besten kontrollierte Lebensmittel. Etwa 750 ml Flüssigkeit sollte ein Kind im zweiten Lebensjahr bei normalen Temperaturen aufnehmen.

Nektare, Fruchtsaftgetränke oder Limonaden sind viel zu stark gezuckert. Ein Kind, das untergewichtig ist, darf regelmäßig ein Glas unverdünnten Fruchtsaft trinken, z. B. Trauben- oder Johannisbeersaft. Die Bezeichnung »Saft« dürfen nur Produkte tragen, die nichts als den Saft der entsprechenden Frucht enthalten. Zwar darf dieser Saft zur Haltbarmachung und zum Transport durch Wasserentzug konzentriert und später wieder verdünnt worden sein, aber es darf weder Zucker noch zusätzliches Wasser zugesetzt werden. Nektare sind verdünnte und gezuckerte Säfte, in Fruchtsaftgetränken ist der Saftanteil noch geringer.

Milch gilt nicht als Getränk, sondern als Nahrungsmittel. Da Kinder aber viel Kalzium brauchen, sollte man sie auch dann Milch trinken lassen, wenn sie Durst haben. Nur Kindern, die zum Dickwerden neigen, sollte man zum Durstlöschen immer zunächst ein kalorienarmes oder -freies Getränk anbieten.

Auch in der kalten Jahreszeit viel trinken?

Nach Untersuchungen des Dortmunder Forschungsinstituts für Kinderernährung trinken insbesondere kleine Kinder viel zu wenig. Möglicherweise bekommen sie zu selten ein Getränk angeboten. Offenbar gibt es aber bei Kindern – ebenso wie bei Erwachsenen – ein mehr oder eben ein weniger gut entwickeltes Durstgefühl. Kinder mit geringem Durstgefühl vergessen das Trinken ganz einfach. Und das ganz besonders in der kühleren Jahreszeit. Eltern sollten also nicht nur ein gesundes Ernährungsverhalten vorleben, sondern auch entsprechende Trinkgewohnheiten. Das bedeutet, »trinkfaule« Kinder regelmäßig zum Trinken zu animieren – und selbst Vorbild darin zu sein, öfter mal ein Glas Wasser über den Durst zu trinken.

Essen als Akt der Selbstständigkeit

Essen heißt seinem Körper Nährstoffe einzuverleiben. Es ist ein lebenswichtiger aber auch lustvoller Vorgang, zu dem wir nicht nur durch Hungergefühle immer wieder »eingeladen« werden.

Auch wenn sich ein Kleinkind über diese Zusammenhänge noch keine Gedanken machen kann, steht ihm bei der Nahrungsaufnahme ein Stück Selbstbestimmung zu. Das bedeutet, dass die Eltern zwar die Verantwortung für ein gesundes Nahrungsangebot haben, dass sie aber letztendlich das Kind nicht dazu zwingen können und dürfen, von einem bestimmten Nahrungsmittel eine von ihnen festgelegte Menge zu essen. Auch bei Tisch sollte das Kind die Chance bekommen, Selbstständigkeit zu üben. Was es mit den Dingen auf seinem Teller macht, wie es mit seinem Kinderbesteck hantiert, sollte man auch unter dem Aspekt der Experimentierfreude sehen und noch nicht an Tischmanieren bei der Abiturfeier denken.

Essen sollte auch für das kleine Kind schon ein Vergnügen sein und keine Pflicht. Es gibt nun individuell verschiedene Gerichte oder Zutaten, die das Kind nicht besonders oder gar nicht mag, und die sollte man ihm keinesfalls aufzwingen. Ein mehrmaliges »Nun iss schön« ist überflüssig – ein Kind isst schon, wenn es Hunger hat. Die Familie sollte unbefangen und fröhlich zusammensitzen. Eltern brauchen es nicht als ihre Aufgabe zu betrachten, still nachzurechnen, wie viele Kalorien, welche Mengen Kalzium oder Eisen das Kind wohl mit dem fünften Löffel zu sich genommen hat.

Manche Eltern können sich gar nicht vorstellen, welche Möglichkeiten der Machtausübung sich für das Kind am Tisch ergeben. Wenn der Sprössling erst einmal spürt, wie wichtig es den Eltern ist, dass, was und wie viel ihr Kind isst, dann kann sich daraus ein andauernder Kampf entwickeln. Schlimmstenfalls wird hier der Grundstein für eine spätere Essstörung gelegt.

Muss man jetzt schon Übergewicht bekämpfen?

Und was tut man, wenn ein Kind ein recht guter Esser ist und auch schon etwas zu viel anzusetzen beginnt? Wenn vielleicht der Kinderarzt bereits mahnt, das Kind würde zu dick? Auf der einen Seite sieht man, wie es dem kleinen Wonneproppen schmeckt, und hat erlebt, welches Geschrei und welche Tränen es gibt, wenn man ihm etwas Essbares wegnimmt. Auf der anderen Seite liest man so viel von zu dicken Kindern und davon, dass dicke Kinder in 70 Prozent der Fälle später auch dicke Erwachsene sind und das Angefutterte nie mehr los werden. Dass die Anzahl der Fettzellen im Kindesalter angelegt wird und dass ein Mensch dann Mühe hat, diese Fettzellen wenigstens nicht noch zu füttern, dass diese aber wie Schwämme alles aufsaugen, wenn man mal über den Hunger gegessen hat.

Zunächst muss zu diesem Thema einmal mehr gesagt werden: Entscheidend ist immer, was das Kind wiegt – nicht wie viel es isst. Auch bei den Kleinen gibt es da nämlich wie bei den Erwachsenen schon große Unterschiede: Kinder, die wenig essen und Normalgewicht haben, Kinder, die viel essen und Normalgewicht haben.

Handlungsbedarf besteht eindeutig erst, wenn die Waage zu viel anzuzeigen beginnt oder wenn der Kinderarzt darauf aufmerksam macht. Und selbst dann heißt es, nicht panisch das Essen einzuschränken, sondern behutsam und sinnvoll vorzugehen. Das Kind befindet sich immerhin im Wachstum, braucht also bestimmte Nähr- und Vitalstoffe auf jeden Fall in ausreichender Menge, um ja keinen Schaden zu nehmen. Je jünger das Kind, umso gefährlicher ist es, wenn ein Mangel entsteht – das kann schlimmstenfalls einen bleibenden Schaden anrichten.

Um ein so kleines Kind auf seinem Normalgewicht zu halten, muss man eigentlich in erster Linie das beachten, was Ernährungswissenschaftler allgemein empfehlen: eine kohlenhydrat- und eiweißreiche, aber fettarme Kost mit viel frischem Obst und Gemüse. Wie man durch Untersuchungen zum Thema Ernährungsgewohnheiten und Essverhalten herausgefunden hat, schauen Kinder sich ihr Essverhalten überwiegend von den Eltern ab. Deshalb sollten auch die Eltern ihr Essverhalten überdenken. Es hat keinen Sinn, ein Kind zu einer gesunden Ernährung hinführen zu wollen, wenn man sich selbst nicht an die entsprechenden Grundsätze hält:

– möglichst Vollkornbrot und -produkte wählen (es gibt auch fein gemahlenes Vollkornmehl; grob geschrotetes Getreide können sehr kleine Kinder oft noch nicht so gut essen).
– mit Aufstrichfetten geizen, fette Wurst möglichst ganz meiden, fetten Käse zur Ausnahme machen.
– Zucker und gezuckerte Produkte als Genussmittel betrachten und auch nicht zur Belohnung oder zum Trost einsetzen.
– viel Obst und Gemüse der Saison verzehren.
– bei Tisch für eine entspannte Atmosphäre sorgen.

Wie viel und was soll ein Kind jetzt essen?

Im zweiten Lebensjahr braucht ein Kind pro Tag zwischen 1000 und 1250 Kalorien. Dies nur als theoretische Anmerkung und nicht als Aufforderung, ein Kind nach der Kalorientabelle zu ernähren. Heute besteht in vielen Familien ohnehin eher die Gefahr der Überfütterung denn die der Unterernährung.

Fast alle Kinder haben die wunderbare Eigenschaft, genau zu wissen, wann sie satt sind. Die ist vielen Erwachsenen bekanntlich abhanden gekommen. Deshalb sollten Eltern diese kostbare Fähigkeit achten und auch die Eigenarten des Kindes respektieren. Wenn ein Kind keine Karotten mag, sollte man sie ihm nicht aufzwingen. Zwar sind Karotten sehr gute Beta-Carotin-Lieferanten, aber es gibt noch viele andere wie Kürbis, Paprika, Spinat oder Wirsing. Gerade aus Gemüse lassen sich so unendlich viele Variationen zaubern, dass man dem Kind immer wieder neue Gerichte anbieten kann. Noch ist Zeit, den kindlichen Gaumen an viele verschiedene Geschmackssensationen zu gewöhnen.

Wichtig ist, dass ein Kind in diesem Alter von allen wichtigen Nähr- und Vitalstoffen genügend bekommt. Es braucht:

– 600 mg Kalzium pro Tag (enthalten z. B. in 500 ml Milch oder 500 g Dickmilch oder gut 50 g Emmentaler)

– 80 mg Magnesium pro Tag (enthalten z. B. in 200 g Kohlrabi oder 200 g schwarze Johannisbeeren)

– 8 mg Eisen pro Tag (enthalten z. B. in 100g Kalbsleber oder in 100 g Linsen)

– 100 µg Jod pro Tag (enthalten z. B. in 40 g Schellfisch oder in 100 g Seelachs oder in 100 g Rotbarsch)

– 0,6 mg Vitamin A pro Tag (enthalten z. B. in 30 g magerer Leberwurst oder 100 g Spinat oder 100 g Feldsalat)

– 0,6 mg Vitamin B1 pro Tag (enthalten z. B. in 200 g Popcorn oder in 100 g Buchweizenvollmehl oder in 200 g Roggenvollkornmehl Type 1800)

– 0,7 mg Vitamin B2 pro Tag (enthalten z. B. in 120 g Sojabohnen oder in gut 100 g Leberpastete)

– 7 mg Niacin pro Tag (enthalten z. B. in 50 g Erdnüssen oder in 180 g gemischtem Hackfleisch oder in gut 100 g Pfifferlingen)

– 0,4 mg B6 pro Tag (enthalten z. B. in 100 g weißen Bohnen oder in 100 g Heilbutt oder in 100 g Kalbfleisch)

- 200 µg Folsäure pro Tag (enthalten z. B. in 200 g Fenchel oder in 200 g Porree oder in 120 g Kichererbsen)
- 1,0 µg B12 pro Tag (enthalten z. B. in 50 g Schweinefleisch oder in 40 g Tilsiter oder in 300 ml Milch)
- 60 mg Vitamin C (enthalten z. B. in 100 g Erdbeeren oder in 200 g Mandarinen)

Auch aus diesen Angaben muss man keine Wissenschaft machen. Es soll nur gezeigt werden, dass man mit einer abwechslungsreichen Kost mit viel Obst, Gemüse und Milchprodukten sowie Fisch und Fleisch in Maßen ein Kind optimal versorgen kann. Die Problempunkte sind Jod und Folsäure. Jod bekommen wir fast ausschließlich über Fisch oder jodiertes Salz (die Verwendung ist dringend zu empfehlen!). Folsäure ist ein sehr empfindliches Vitamin; lange Lagerung oder lange Garzeiten bewirken, dass die Substanz zerfällt und für den Körper nicht mehr verwertbar ist. Deshalb sollte man darauf achten, dass möglichst oft frische Kost auf den Tisch kommt, zumal kleine Kinder in der Regel Blattsalate – Hauptlieferanten für Folsäure – ungern essen.

Auf Treibhaussalate sollte man jedoch generell verzichten. Das Gros der Ware enthält zu hohe Nitratwerte. Ob man sich generell besser ernährt, wenn man bei Biobauern einkauft, ist nach wie vor umstritten. Doch kann man sich sagen: Wer Naturkost bevorzugt und bereit ist, dafür auch etwas mehr Geld zu bezahlen, hat eine sehr viel bewusstere Haltung zur täglichen Nahrung und ernährt sich und seine Familie meist vor dem Hintergrund dieser Einstellung gesünder.

MOTORISCHE ENTWICKLUNG

Der stürmischen Entwicklung der motorischen Fertigkeiten im ersten Lebensjahr – vom hilflos liegenden Baby über das krabbelnde, sitzende, greifende und schließlich stehende Kleinkind – folgen nun Jahre in ruhigeren Gewässern. Ruhiger, was das Entwicklungstempo angeht. Nicht ruhiger, was das Elterndasein betrifft. Ganz im Gegenteil. Sobald sich ihr Kind fortbewegen kann und damit seinen Aktionsradius permanent erweitert, haben Eltern nur noch selten Zeit, sich zurückzulehnen.

Im zweiten Lebensjahr entsteht eine besonders brisante Mischung: Forscherdrang paart sich mit Lauf- und Kletterversuchen. Noch sind die meisten Kinder unsicher auf ihren Beinchen, doch das wird bis zum Ende des zweiten Lebensjahres immer besser. Auch die Fertigkeit der Hände und Fingerchen sowie die Koordination zwischen Augen, Gehirn und Händen machen beachtliche Fortschritte.

Laufen – Thema Nr. 1 im zweiten Lebensjahr

Die motorische Entwicklung beginnt bereits im Mutterleib, erreicht in der Mitte des zweiten Lebensjahres ihren Höhepunkt und wird dann weniger intensiv. Nun hat ein Kind normalerweise alles gelernt: Greifen, Krabbeln, Robben, Aufsetzen, Laufen. Das sind gewissermaßen die Basics – jetzt geht es im Grunde nur noch um Verfeinerungen.

Einen Fuß vor den anderen zu setzen und dabei aufrecht zu bleiben – das ist eine große Leistung für einen kleinen Menschen. Das faszinierende Ereignis der ersten Schritte ihres Kindes erleben Eltern irgendwann zwischen dem zehnten und dem 18. Lebensmonat. 90 Prozent der Kinder können mit 15 Monaten laufen.

In die aufrechte Haltung zu gelangen ist keine »Über-Nacht-Aktion«. Es bedarf vieler Anstrengungen, bis sich ein Kind aus seinem Vierfüßlerdasein mühelos aufrichten kann.

Mit welchem Tempo die einzelnen Entwicklungsschritte

durchlaufen werden, ist von Kind zu Kind verschieden. Manche Kinder scheinen in rasendem Tempo durchzustarten. So gibt es Kinder, die mit zehn Monaten bereits stehen können und erste Schritte wagen. Doch das sagt nichts über ihre weitere motorische Entwicklung aus. Weder kann man vorhersagen, dass hier ein Olympiasieger heranwächst, noch lässt sich ein generell besonders drängendes Temperament in dieser raschen Entwicklung erkennen. Oft verweilen diese Kinder auf bestimmten anderen Entwicklungsstufen, gerade so, als müssten sie ausruhen.

Wie in allen übrigen Bereichen auch sollten Eltern also nicht zu sehr nach anderen Kindern und deren Steh- und Laufkünsten schielen. Der Zeitpunkt des Laufenlernens wird weitgehend von den Genen bestimmt. Denn da ist u. a. einprogrammiert, wann die Gehirnregionen so weit gereift sind, dass sie den Muskeln Befehle erteilen können.

Wenn man ein Baby auf eine Matte »stellt«, macht es Schreitbewegungen, so dass man meinen könnte, es fehle eigentlich nur ein Stück Muskelkraft und schon könne es losmarschieren. Doch das ist ein Irrtum. Dieses Schreiten ist ein angeborener Reflex, der bei jedem Widerstand unter den Füßen in Kraft tritt. Mit dem späteren Laufen hat dieser Reflex nichts zu tun. Reflexe wie auch das Atmen und Schlucken sind im Hirnstamm einprogrammiert. Um wirklich laufen zu können, ist die Reife gewisser Nervenverbindungen zwischen Gehirn und Körper Voraussetzung.

Bevor ein Kind bestimmte motorische Fertigkeiten erwerben kann, müssen aber auch Knochen, Muskeln und Skelettsystem die nötige Reife haben. Bei der U7, die zwischen dem 21. und dem 24. Lebensmonat empfohlen wird, werden eventuelle Störungen (nicht gleichbedeutend mit Entwicklungsverzögerungen!) ausfindig gemacht und entsprechende Therapien angeraten.

Laufenlernen in kleinen Schritten

Im ersten Lebensjahr hat sich ein Kind auf das Laufen in folgenden Stufen vorbereitet: Es hat sich aufgesetzt, ist gekrabbelt, es hat sich an Stühlen oder Sofas hochgestemmt, es hat sich an Schränken oder niedrigen Tischkanten entlanggetastet. Das Stehen – eine Hand oder beide Hände an einem Haltepunkt – glückt immer länger. Bald gelingt es, eine kleine Distanz zwischen zwei Haltepunkten zu überwinden.

Reichen Eltern ihrem Kind die Hände, kann es in dieser Phase auch schon einige wacklige Schrittchen gehen. Die meisten Kinder lieben es jetzt sogar, wenn sie von ihren Eltern immer wieder mal ein Stück weit geleitet werden. Das entsprechende Bild ist jedem vertraut: ein breitbeinig laufender Erwachsener, vor ihm ein tapsiges Kleinkind, das seine Ärmchen nach oben streckt, um den Halt der Erwachsenenhand zu haben und im Notfall vor einem Sturz bewahrt zu werden.

Mit der Zeit wird das Kind immer weniger des Halts einer Erwachsenenhand bedürfen. Und eines Tages kommt der unvergessliche Moment, in dem das Kind beide Hände loslässt und seine ersten Schritte ganz allein geht.

In der nächsten Zeit werden diese Schritte noch kurz, unregelmäßig und wacklig sein. Das Kind benötigt seine Arme gewissermaßen noch als Steuerruder. Stolpern und Hinfallen sind nun für eine Weile tägliche Ereignisse. Doch auch wenn das Kind sich hin und wieder wehtut – es wird diese Stürze rasch vergessen! Seine Begeisterung darüber, dass es läuft wie Mama, Papa oder größere Geschwister, ist riesengroß.

Es wird sich durch nichts entmutigen lassen, sondern sich immer wieder auf seine Füßchen stellen und loslaufen. Für diese »Stehaufmännchen«-Mentalität sollte man dem Kind Anerkennung zollen (»Ja, prima, du versuchst es gleich wieder!«). Ungünstig ist jetzt ausführliches Bemitleiden oder – das Gegenteil – das Abtun eines offensichtlich schmerzhaften Missgeschicks

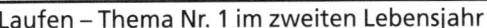

(»Ach, das hat doch gar nicht wehgetan! Wer wird denn da gleich weinen?«).

Mehr Bewegung durch Motivation

»Motivation« hat mit Bewegung zu tun: »Motio« kommt aus dem Lateinischen und heißt »Bewegung«. Unter Motivation versteht man in der Psychologie die Faktoren, die einen Menschen zu einem bestimmten Handeln antreiben. Alle Menschen brauchen Motivationen, um in ihrem Leben Erfüllung zu finden.

Erwachsene haben verinnerlichte Motivationen, sie müssen nicht täglich aufgefordert werden, morgens rechtzeitig aufzustehen, sich zu duschen und sich an ihren Arbeitsplatz zu begeben. Sie wissen, wofür sie etwas tun, und sie sorgen normalerweise dafür, dass eine Balance herrscht zwischen Anstrengungen und Vergnügen bzw. Entspannung.

Kinder, erst recht so kleine, brauchen viel Motivation von außen. Bekommt ein Kind wenig Anerkennung und Ermutigung, sich auszuprobieren, wird es sich weniger bemühen, seine Fähigkeiten zu verfeinern. Der Applaus und der Glanz in den Augen seiner Eltern sind dem Kind Ansporn.

Die Aufgabe der Eltern: eine Umgebung und eine Atmosphäre zu schaffen, in der sich die Herausforderungen an den aktuellen Fähigkeiten des Kindes orientieren. Das bedeutet einerseits, dem Kind ein Übermaß an Enttäuschungen zu ersparen, indem man es nicht überfordert (weil man beispielsweise verlangt, dass es eine Strecke zwischen Tür und Sofa zurücklegt, für die es noch nicht ausreichend Übung hat). Andererseits aber auch, dem Kind von Zeit zu Zeit ein kleines Stückchen mehr zuzutrauen.

Immer mehr Sicherheit auf neuem Terrain

Etwa ab der Mitte des zweiten Lebensjahres stolpert ein Kind nur noch selten. Jetzt sind seine Schritte schon größer und gleichmäßiger, das Trippeln ist immer seltener zu beobachten.

Wenn ein Kind ein Ziel ins Auge fasst, dann führt ihn nun sein Weg schnurgerade da hin. Es sieht nicht mehr so aus, als sei da ein leicht angetrunkener Dreikäsehoch unterwegs.

Nun werden auch schon Treppen in aufrechter Haltung erklommen. Bislang haben sich die meisten Kinder in den Vierfüßlerstand zurückbegeben, wenn es galt, Stufen zu überwinden. Noch wird aber immer ein Fuß nachgestellt, d. h., das Kind stellt sich erst mit beiden Beinen auf eine Stufe, bevor es die nächste erklimmt. Das Treppengehen, bei dem jede Stufe nur mit einem Fuß betreten wird, muss noch geübt werden.

In der zweiten Hälfte des zweiten Lebensjahres kann man beobachten, dass das Kind beim Laufen den hinteren Fuß bereits abhebt, bevor der erste wieder richtig auf dem Boden angekommen ist. Das ist eine wichtige Voraussetzung für flotteres Gehen und Rennen.

Kann man das Laufenlernen unterstützen?

So genannte »Lauflernhilfen« kaufen glücklicherweise immer weniger Eltern. Es hat sich herumgesprochen, dass diese Geräte ungünstig, manchmal sogar gefährlich sind. Der Rücken des Kindes wird in diesen Apparaturen gerade gehalten, auch wenn die Muskulatur von sich aus noch gar nicht dazu in der Lage ist. Wird die Lauflernhilfe viel benutzt, kann eine Haltungsstörung die Folge sein. Außerdem kommt ein Kind mit diesen Geräten zu schnell voran. Ist dann eine Treppe nicht durch ein Gitter abgesichert, kann es schon mal einen schlimmen Sturz geben. Auch für Kinder, die keine Lauflernhilfen benutzen, sollten Treppen vorerst versperrt bzw. nur in Begleitung zugänglich sein.

Die beste Lauflernumgebung ist eine Wohnung, in der das Kind sich weder an scharfen Ecken und Kanten verletzen kann noch über Teppiche oder Schwellen stolpert. Wichtig ist auch, dass dem Kind nichts auf den Kopf fallen kann, wenn es sich (beispielsweise an einer Tischkante) hochziehen und festhalten möchte. Stühle sollten sicher stehen. Meist hält sich ein Kind an Schränken, Stühlen und Sofas fest, wenn es noch nicht so sicher auf seinen Beinchen ist.

Das Laufenlernen kann man also nicht forcieren – aber man kann es verzögern! Eltern, die ihr Kind immer wieder an den Armen hochziehen, um es auf seine Füße zu stellen und dadurch zum Laufen zu motivieren, fördern das Entwicklungstempo in keiner Weise. Das Kind bestimmt den Zeitpunkt, an dem es loslaufen möchte, selbst – und erst dann möchte es Unterstützung haben.

Allerdings tut stundenlanges Sitzen im Kinderwagen oder das »Hängen« in einer Kraxe dem Kind nicht gut und hemmt seinen Bewegungsdrang. Dagegen stimulieren tägliche Ausfahrten, die unterbrochen werden von einem Aufenthalt an einem Spielplatz, an dem das Kind ungefährdet herumlaufen kann, seinen Wunsch, sich zu bewegen. Auch jedes Bewegungsexperiment zu Hause – ob das ein Hin- und Herrollen auf dem Teppich ist oder Turnübungen mit Mutter oder Vater sind – fördert die Wendigkeit des Kindes. Zum Beispiel: Mutter liegt auf dem Rücken, zieht die Beine an und legt sich ihr Kind so auf ihre Unterschenkel, dass die beiden sich in die Augen schauen können; die Handflächen des Kindes stemmen sich gegen Mutters Handflächen oder die Mutter hebt und senkt die Unterschenkel, während sie ihr Kind an den Schultern festhält.

O-Beine – wie lange normal?

Vor allem von hinten ist es eigentlich ganz drollig anzuschauen, wenn kleine, dicke O-Beinchen die Welt erobern. Doch viele Eltern machen sich bei diesem Anblick Sorgen, denn O-Beine sind bei größeren Menschen alles andere als eine Augenweide . . .

Nur die Ruhe! Fast alle Babys bringen O-Beinchen mit auf die Welt, und die haben eine bestimmte Bedeutung für das Wachstum. Die Stütz- und Bewegungsorgane eines Kindes müssen erst reifen. Diese Reifung braucht Zeit und wird durch Belastung und Beanspruchung gestaltet. Bei einem wachsenden Knochen kommt es vor allem auf die Beanspruchung der knorpeligen Wachstumsfugen an.

Beim Laufen und Stehen auf O-Beinen ist die Belastung innen erheblich stärker als außen. Daraus folgt eine asymmetrische Beanspruchung des Wachstumsknorpels in der Nähe des Kniegelenks. Entsprechend reagiert die Knorpelplatte und wächst asymmetrisch. Gleichzeitig vollzieht sich die Verknöcherung innen schneller als außen: Das Bein wächst auf der Innenseite stärker als auf der Außenseite. So werden die O-Beine mit der Zeit ausgeglichen.

Stehen die Beinchen am Ende des zweiten Lebensjahres noch immer nicht gerade bzw. in einer leichten X-Stellung (normal für Kleinkinder!), sollte man das Kind einem Orthopäden vorstellen. In den meisten Fällen kann man den Reifungsprozess mit krankengymnastischen Übungen voranbringen.

Alles Lernen hat seine Zeit

»Was Hänschen nicht lernt, lernt Hans nimmermehr!« Diese alte Volksweisheit ist wirklich erstaunlich fundiert, sagt sie doch genau das aus, was heutige Wissenschaftler in jahrelangen Studien belegt haben. Auch für die motorische Entwicklung gilt, dass man das, was man in jungen Jahren versäumt hat, später nie mehr so gut wird nachholen können.

Fachleute sprechen von »Gehirnfenstern« und meinen damit einmalige Phasen, in denen bestimmte Fertigkeiten schnell und gut gelernt werden können. Diese Phasen haben ziemlich klare Begrenzungen. Natürlich kann und wird ein Kind auch im dritten Lebensjahr noch laufen lernen, wenn es beispielsweise infolge eines Unfalls oder einer Krankheit am Laufenlernen gehindert wurde. Doch nur in bestimmten Zeitspannen sind die erwähnten Gehirnfenster gewissermaßen weit geöffnet und nehmen all das auf, was zur Entwicklung der jeweiligen Fertigkeit notwendig ist. Dann schließt sich dieses

Fenster. Für immer! Nachreifen kann jeder Mensch, doch das ist sehr mühsam und das später Erlernte wird oft wie ein zusätzlich angestricktes Teil sein.

Laufen ist nicht alles

Im zweiten Lebensjahr steht das Laufenlernen ganz im Zentrum der Aufmerksamkeit, dabei erwirbt das Kind jetzt auch andere Fertigkeiten im motorischen Bereich. Denn die Muskelgruppen am übrigen Körper werden nun ebenfalls besser beherrscht.

Heute weiß man, dass die Gehirnreifung nicht »automatisch« nach einem genetisch vorgegebenen Programm abläuft, sondern dass das Gehirn für die Ausbildung seiner Strukturen auf körperliche Bewegung angewiesen ist. Der kindliche Organismus benötigt generell viele verschiedene Wachstumsreize unterschiedlicher Intensität, um sich entwickeln zu können. Fehlt es an adäquaten Reizen, bereitet dies schon früh den Boden für Bewegungsauffälligkeiten, Haltungsprobleme, Kreislaufstörungen, Übergewicht, Nervosität und Konzentrationsstörungen.

Aber es geht nicht nur um die gezielte Steuerung von Muskel-, Nerven- und Sehnenfunktionen. Wie später im Kapitel über die Förderung eines Kindes im zweiten Lebensjahr (ab Seite 121) beschrieben, sind Bewegung und Intelligenzentwicklung eng miteinander verbunden. Bewegungserfahrungen bilden die erste Stufe der menschlichen Intelligenzentwicklung. Und: Eine altersgemäße Bewegungsfähigkeit schafft Selbstsicherheit und soziale Anerkennung. Ganz abgesehen davon ist eine gute Bewegungsfähigkeit eine Art Lebensversicherung gegenüber den Gefahren des täglichen Lebens.

Alltagsfertigkeiten werden immer mehr verfeinert

Im zweiten Lebensjahr funktioniert das Zusammenspiel zwischen Augen und Händen immer besser und das verhilft zu einem geschickteren Umgang mit Alltagsgegenständen wie Löffel, Tasse, Knöpfen oder Schuhen. Wenn man dem Kind zusieht, wird deutlich, dass seine Bewegungen immer gezielter und bewusster ablaufen.

In den ersten Monaten des zweiten Lebensjahres überwiegen noch große Bewegungen. Wenn das Kind z. B. eine Tasse vom Tisch nehmen möchte, so holt es dabei mit dem ganzen Arm aus. Das hat den Grund, dass die Bewegung der Handgelenke noch nicht zielgenau steuerbar ist.

Dafür werden übrigens jetzt noch beide Hände gleichermaßen eingesetzt. Nimmt ein Kind Spielzeug auseinander und setzt es wieder zusammen, so arbeiten beide Hände gleichberechtigt mit. Frühestens im dritten Lebensjahr lässt sich sagen, welche Körperhälfte einmal die führende sein wird.

Erstes Gefährt

Mitte bis Ende des zweiten Lebensjahres kann ein Kind schon etwas anfangen mit einem Rutsche-Auto – berühmt geworden ist das so genannte »Bobby-Car«. Allerdings »fahren« nicht alle Kinder auf so ein Gefährt ab. Während die einen binnen weniger Tage heraus haben, wie man damit losbraust, haben andere wenig Interesse an Experimenten mit diesem vierrädrigen Ding.

Am Ende des zweiten Lebensjahres können sich motorisch geschickte Kinder (was keine Abwertung der motorisch weniger geschickten Kinder ist!) an einem kleinen Dreirad versuchen. Man darf jedoch nicht erwarten, dass die hierfür notwendige komplexe Koordination auf Anhieb klappt. Die Aufgabe, die Pedale zu treten und gleichzeitig zu lenken, muss erst geübt werden. Meist dauert es Wochen oder gar Monate, bis das Kind diesen Ablauf wirklich beherrscht. Deshalb ist es wichtig, das Kind nicht unbeaufsichtigt mit dem Dreirad fahren zu lassen. Fährt es überwiegend auf Asphalt, beispielsweise im Innenhof einer Wohnanlage, sollte man ihm einen Sturzhelm besorgen.

Kleine Persönlichkeiten und ihr (motorisches) Geschick

»Hat ein Kind gut entwickelte körperliche Fähigkeiten, so ist es in jeder Hinsicht einem weniger selbstständigen, ungeschickteren Altersgenossen überlegen, denn in diesem Jahr wird die Welt noch in erster Linie durch direkte körperliche Eindrücke erfahren«, schreibt der Münchner Kinderpsychologe Ulrich Diekmeyer in seinem Buch ›Unser Kind im zweiten Lebensjahr‹.

Die Bewegungen eines Menschen sind niemals ein rein körperlicher Vorgang. Sie sind immer eng gekoppelt an die seelischgeistige Befindlichkeit. Wenn Bewegungen immer und immer wieder misslingen, fühlt sich ein Kind entmutigt, es vermeidet neue Versuche, verliert die Freude am Spiel.

Aber fast schlimmer noch ist eine Atmosphäre von Ängstlichkeit, die besorgte Eltern schaffen können, wenn sie ihr Kind mit Argusaugen überwachen und jeden etwas gewagteren Schritt oder jeden Kletterversuch mit einem »Pass auf, Florian!« – »Lass das lieber, Lena!« – »Vorsicht! Dass du da nicht runterfällst!« kommentieren. Kleine Kinder können noch nicht kontern und sagen »Ach, Mama, da passiert doch nichts!« oder (Variante größeres Kind) »Jetzt hab dich nicht so, ich bin doch kein Baby mehr!« Kleine Kinder glauben ihren Eltern alles unbesehen. Und wenn Mutter oder Vater (oder gar beide!) sich vor einem Lauf- oder Klettermanöver fürchten, so »denkt« das Kind, da besteht wohl auch echte Gefahr. Werden Kinder häufig durch »Angstmache« in ihrer Bewegungsfreude gebremst, werden aus ihnen ängstliche Kinder – und leider in aller Regel auch ungeschickte.

Ungeschicklichkeit ist nicht einfach eine liebenswerte Schwäche. Sie kann das Leben eines Menschen nachhaltig beeinträchtigen. Weil diese Kinder weniger spielen, haben sie weniger Möglichkeiten, sich selbst zu inszenieren und sich selbst zu erfahren. So fehlt ihnen womöglich eines Tages eine Grundvoraussetzung für eine glückende Kommunikation.

PSYCHISCHE ENTWICKLUNG

Die achtsame und bewahrende Einstellung zur Entwicklung eines Kindes hat ihre Wurzeln in der Zeit der Aufklärung und da vor allem bei Jean-Jacques Rousseau. Diesem Philosophen ging es vor allem darum, die Natur eines Kindes zu bewahren und ihm damit das Gleichgewicht zwischen seinen Wünschen und seinen Kräften zu erhalten. Denn das ist – das sah man damals schon – so wichtig für jeden Menschen, weil er in jeder Gesellschaft Machtkonstellationen ausgeliefert sein wird, die er nicht verändern kann, aber gegen die er sich abgrenzen muss. Nur so kann man trotz aller Widrigkeiten ein autonomes und selbstbestimmtes Leben leben.

Kleinkinder – das war bereits Rousseaus Auffassung – sollen spielen dürfen, denn nur so können sie Wirklichkeitserfahrungen machen und Geschicklichkeit, Beobachtungsfähigkeit und Urteilsvermögen erlernen. Strafen galten schon ihm als unangemessen – sodass man nur staunen kann, wie lang sich die Vorstellung, Kinder könne man ohne Strafen nicht erziehen, dennoch gehalten hat.

Lange nach Rousseau hat Sigmund Freud Konzepte über die Kindheit entwickelt, die teilweise heute noch Gültigkeit haben und den Hintergrund für bestimmte Therapieformen bilden. Wenn auch Freuds Theorien mittlerweile mit Recht einiger Kritik ausgesetzt sind, wird heute allgemein davon ausgegangen, dass die Erfahrungen der frühen Kindheit einen Menschen sein ganzes Leben lang begleiten und immer wieder bearbeitet werden müssen (und können!). Dies nicht, weil sie allesamt so schrecklich und zerstörerisch waren, sondern weil sie einen Menschen auf bestimmte Weise prägen und festlegen und damit manchmal einer Weiterentwicklung im Weg stehen.

Meilensteine in der Ich-Entwicklung

Im zweiten Lebensjahr gelangt ein Kind an eine ganz besondere seelisch-geistige Schwelle. Das Gefühl, die Mutter sei ein Teil von ihm selbst, verschwindet allmählich und macht mehr und mehr dem Erkennen Platz, eine eigene Identität zu haben bzw. auf dem Weg dorthin zu sein. Das Kind ist allerdings gleichzeitig noch sehr weit entfernt davon, eigenverantwortlich zu handeln. So kommt es, dass es manchmal schon etwas ganz allein machen möchte und ein andermal so tut, als sei es hilflos wie ein Baby.

Das ist der Beginn einer schwierigen Zeit zwischen Mutter und Kind, denn für die Mutter ist das Verhalten ihres Kindes manchmal verwirrend. Und für das Kind sind viele Situationen schmerzlich, denn es merkt, dass es zwar unter Mutters Fittichen sicherer ist, dass es aber diesen Schutz ablegen muss, wenn es selbstständig werden will. Das Kind gerät also in ein unangenehmes emotionales Dilemma: Noch immer will und braucht es die Liebe seiner Mutter vollkommen und ganz, und so muss es mit der Angst leben, durch das Ansteuern eigener Wege die Mutter vor den Kopf zu stoßen.

In dieser Phase ist es so besonders wichtig, dass man dem Kind zeigt: Du darfst dich ausprobieren, du darfst auch mal lästig, quengelig oder aufsässig sein – du wirst geliebt, wie du bist.

Diese Haltung verlangt von den Eltern u. a. die Einsicht, dass das Kind vor allem dadurch, dass es laufen kann und zu sprechen beginnt, älter und reifer wirkt, als es ist. Man muss sich immer wieder mal vergegenwärtigen: Dieses Kind war vor gut einem Jahr noch ein hilfloser Säugling.

Das Ich entwickelt sich in der Beziehung zu anderen Menschen. Für das Kleinkind bedeutet das, dass die Art, wie seine Eltern auf es reagieren, seine seelische Entwicklung bestimmt. Sind sie freundlich, stetig und zugewandt, wird sich das Kind später selbst mögen und ein stabiles Selbstwertgefühl haben.

Sind sie launisch und viel mit sich selbst beschäftigt, wird es das Kind später schwer haben, sich wirklich zu mögen und besagtes stabiles Selbstwertgefühl zu entwickeln.

»Wer bin ich eigentlich?«

Trotz der gewaltigen Fortschritte der Ich-Entwicklung im zweiten Lebensjahr wird es noch Jahre dauern, bis ein Kind erkennt, dass Mütter und Väter eigenständige Persönlichkeiten mit eigenen Wünschen und Bedürfnissen sind – und eben nicht nur dazu da, Eltern zu sein. (Selbst pubertierenden Kindern kann es noch schwer fallen, dies wirklich nachzuvollziehen.) Jetzt und die darauf folgenden Lebensjahre haben Kinder genug mit sich zu tun.

Das eigene Ich zu entdecken bringt zwangsläufig Wechselbäder mit sich. Das Kind möchte vieles allein machen, beginnt sich auch gegen Hilfe und Unterstützung zu wehren, spürt aber dann doch immer wieder seine Hilflosigkeit und seine Abhängigkeit. Dieses Hin- und Hergerissensein macht dem Kind zu schaffen – und natürlich auch der Mutter. Auch wenn sie weiß, dass ihr Kind sich eigene Wege suchen muss, möchte (und muss) sie es beschützen und ihm Geborgenheit geben.

Den größeren Konflikt aber durchlebt das Kind: Jedes Kind liebt seine Mutter/seinen Vater, möchte ihr/ihm nah und verbunden sein, doch es hat auch den unbewussten Auftrag, sich zu entfalten. »Der entwicklungsmäßige Imperativ der Unabhängigkeit steht im Widerspruch zu dem seelischen Imperativ der Liebe«, schreibt Penelope Leach so wunderbar in ihrem Buch ›Die ersten Jahre deines Kindes‹.

Was bedeutet »Erziehung« im zweiten Lebensjahr?

Während es im ersten Lebensjahr im Wesentlichen darum ging, das Baby zu pflegen, zu ernähren und auf seine gesunde Entwicklung zu achten, haben Eltern im zweiten Lebensjahr mehr

damit zu tun, dem Kind Anleitung und Führung zu geben, damit es später im Leben gut zurecht kommt.

Eltern sollten sich deshalb gelegentlich fragen, welche Erziehungsziele sie verfolgen. Das ist gar nicht so einfach, denn bewusste Erziehungsziele mischen sich mit unbewussten. Hinzu kommt, dass kein Vater und keine Mutter über den eigenen Schatten springen kann: Wer eher ängstlich ist im Umgang mit anderen Menschen, wird es schwer haben, ein Kind so zu erziehen, dass es strotzt vor Selbstsicherheit.

Ein wesentliches Erziehungsziel (das gilt für jedes Alter, aber jetzt muss man mit der Umsetzung beginnen) ist die Selbstständigkeit. Im zweiten Lebensjahr bewegt man sich auf dieses Ziel in einer ziemlichen Gratwanderung zu. Denn überlässt man dem Kind zu viel an Entscheidungen, überfordert man es. Gibt man seinen Selbstständigkeitsbestrebungen zu wenig Raum, hält man es klein.

Auch der Bewegungsdrang eines Kindes muss jetzt Raum bekommen. Erziehungsziel sollte deshalb sein, das Kind so viel wie möglich ausprobieren zu lassen, damit es seine motorischen Fähigkeiten optimal entfalten kann (siehe auch das Kapitel »Motorische Entwicklung«, Seite 57ff.). Da man heute auch weiß, wie wesentlich Bewegung für die geistige Entwicklung ist, muss der Bewegungsfreiheit besonders viel Augenmerk geschenkt werden.

Natürlich kann man ein Kind im zweiten Lebensjahr nicht überall hinaufklettern lassen, aber man sollte ständige Ermahnungen wie »Vorsicht, dass du nicht fällst!« – »Oh, pass auf, das ist gefährlich!« – »Geh da nicht zu nah hin!« möglichst sein lassen. Wenn es brenzlig wird, ist schnelles Handeln wesentlich besser als diese ständigen Kassandra-Rufe. Ein Kind kann unter diesen Bedingungen eine psychomotorische Störung entwickeln, die sich manchmal erst so richtig im Schulalter zeigt.

Außerdem besteht die Gefahr, dass ein Kind dadurch generell ängstlich wird, denn es muss ja das Gefühl bekommen, dass es immer kurz davor ist, in eine Katastrophe hineinzulaufen. Das verunsichert freilich. Nicht wenige Erwachsene haben diese elterlichen Stimmen verinnerlicht und wagen noch immer manches nicht, wonach ihnen eigentlich der Sinn stünde. Gegen diese inneren Stimmen anzukommen ist allerdings sehr schwer.

Nicht gleich in die Luft gehen

Kinder üben noch, deshalb passieren ihnen häufiger Missgeschicke und kleinere Unfälle als Erwachsenen. Auch wenn man sich maßlos ärgert, dass das Kind das teure Weinglas hat fallen lassen, obwohl man ihm ausdrücklich untersagt hatte, es in die Hand zu nehmen, sollte man sich zusammenreißen und nicht gleich lostoben: »Kannst du denn nicht aufpassen, ich habe dir x-mal gesagt . . ., aber du willst einfach nicht hören!« Am besten zeigt man seinen Ärger mit einer ruhigen, aber etwas schärferen Stimme, erklärt, dass man die Gläser wohl besser aufräumen muss, und geht zur Tagesordnung über. In der Erziehung gilt heute als eiserne Regel: Liebesentzug ist mega-out!

Lob motiviert

Auch Erwachsene kennen es: Spricht der oder die Vorgesetzte ein Lob aus, spornt das zu neuen Leistungen an. Ein Kind im zweiten Lebensjahr reagiert schon ganz genauso. Wichtig ist allerdings, dass man Lob nicht nach dem Gießkannenprinzip verteilt, also so ziemlich jede Regung lobt. Und wichtig ist auch, dass man das konkrete Verhalten lobt. Der Chef oder die Chefin sagt ja auch nicht: »Sie sind ein toller Mensch!«, sondern es heißt etwa so: »Diesen Vorgang haben Sie optimal bearbeitet!«

Konsequenzen statt Strafen

Manche Erwachsenen benutzen heute noch nicht gern das Wort »Erziehung«, weil es sie zu sehr an die Begriffe Zucht und Strafe erinnert. Strafen halten sie für Relikte aus dem Mittelalter.

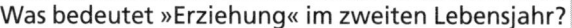
Doch wenn man erst einmal Eltern eines Ein- bis Zweijäh-
rigen ist und von diesem Wesen, das mitunter zum Giftzwerg
mutieren kann, an seine psychischen Grenzen und an das Ende
seines Erziehungslateins getrieben wird, dürstet man selbst als
sanfte Mutter oder als langmütiger Vater nach einer Strafe. Ins
Kinderzimmer einsperren? Das Lieblingstier wegnehmen? Ohne
Abendessen ins Bett?

Alles Unsinn – das wissen die meisten Eltern spätestens dann
wieder, wenn der Zorn verraucht ist. Strafen, die viele von uns
noch durchlitten haben, tun bitter weh und schüren in einem
Kind die Angst, nicht mehr geliebt zu werden. Muss ein Kind
häufiger unter solch einer Angst leiden, besteht im Extremfall
die Gefahr, dass sich bei ihm eine Persönlichkeitsstörung entwickelt.

Heute nennt man die elterliche Reaktion auf ein nicht duld-
bares kindliches Verhalten (Beispiel: Kind wirft die Trauben, die
ihm seine Mutter gegeben hat, an die Wand, weil das so schön
klatscht) Konsequenz.

Und Konsequenzen kann man auch einem Kind im zweiten
Lebensjahr aufzeigen. Im Beispiel mit den Trauben ist klar: Die
Mutter nimmt dem Kind die Früchte weg. Konsequenzen wirken im Vergleich zu Strafen weniger »böse« und machen deshalb dem Kind keine Angst. Auch für Eltern haben Konsequenzen Vorteile: Um sich entsprechend konsequente Schritte zu
überlegen, muss man vernünftig bleiben, muss also die aufwall-
enden Gefühle in Schach halten. Das hilft, schneller »auf den
Teppich« zu kommen. Strafen dagegen schüren die aufgewühlten Emotionen oft noch zusätzlich.

Eltern sind Vorbilder

... und das oft mehr, als ihnen lieb ist. Denn alles, was sie dem
Kind sagen, also mit Worten vermitteln, zählt nur wenig, wenn
die Eltern diese Aussagen durch ihr Verhalten konterkarieren.
»In diesem Alter ist die Nachahmung der Bezugspersonen, das

Lernen am Modell, die wichtigste Quelle der Verhaltensbeeinflussung«, schreibt der Psychologe Ulrich Diekmeyer in seinem Buch ›Unser Kind im zweiten Lebensjahr‹. Der Autor betont, dass nicht nur sichtbare Verhaltensweisen übernommen werden, sondern auch die Dinge, die den Eltern gar nicht bewusst sind, wie z. B. ihre Einstellung zu bestimmten Situationen oder Problemen, unausgesprochene Wünsche und Ängste.

Da Kinder oft die gleichen Verhaltensweisen und Denkmuster an den Tag legen wie ihre Eltern, glaubte man früher, es gäbe da einen Vererbungsmechanismus. Heute nimmt man eher an, dass an erster Stelle das Modell-Lernen steht. So kann die Freude an Bewegung weitergegeben werden oder eben die Bequemlichkeit, die Tierliebe ebenso wie die Scheu vor fremden Menschen.

Kinder sind allerdings auch zu gegensätzlichem Verhalten fähig, dies wohl aber erst in späteren Lebensjahren. Was sich im Trotzalter vollzieht, ist zwar auch als Auflehnung zu bezeichnen, hat aber noch nichts mit einem Protest gegen elterliche Wesenszüge zu tun.

Von großer Bedeutung: Die Qualität der Elternehe

Wie Vater und Mutter miteinander umgehen, nimmt auch ein Kind im zweiten Lebensjahr sehr genau wahr. Natürlich kann es sich nicht sagen: »Aha, heute ist dicke Luft!« Es spürt die atmosphärischen Störungen und ist irritiert. Gerade weil ein so kleines Kind noch nicht in der Lage ist zu analysieren, was sich da abspielt, ist es so empfänglich für alle nonverbalen Signale.

Geht es zwischen den Eltern eher nüchtern oder gar kühl zu, wird sich das Kind mit großer Wahrscheinlichkeit später einmal schwerer tun, eine Partnerbeziehung warm und herzlich zu gestalten. Erlebt es nie gegenseitige Fürsorge und Anteilnahme, wird es diese Fähigkeiten später auch nur mühsam entwickeln können.

Große Auswahl macht hilflos

Wer ein Kind im zweiten Lebensjahr wohlmeinend vor eine größere Auswahl stellt, sollte sich auf Tränen und Wutausbrüche gefasst machen. Denn so klein sind Kinder durch solche Entscheidungen noch überfordert. Der Grund für diese Überforderung: In diesem zarten Alter (und auch noch viele Jahre später) ist ein Kind noch nicht in der Lage abzuschätzen, was eine Entscheidung an Konsequenzen mit sich bringt.

Nachdem sich in den 60er Jahren herumgesprochen hatte, dass man einer Kinderseele bleibende Verletzungen zufügen kann, wenn man unter Erziehung vor allem »Zurechtstutzen zu einem brauchbaren Mitglied der Gesellschaft« versteht, haben Eltern oft zu viel des Guten getan und ihren Kindern – auch den ganz kleinen – möglichst alle Entscheidungen überlassen. Man nannte das antiautoritäre Erziehung, in deren Folge viele orientierungslose, lebensuntüchtige und entsprechend unglückliche Menschen herangewachsen sind.

Heute wird von den meisten Eltern ein gewährender Erziehungsstil in klaren Grenzen praktiziert. Nehmen wir ein banales Beispiel: Man bietet dem Kind beim Frühstück zwei Sorten von Brot oder Brötchen an. Man engt gewissermaßen die Entscheidungsräume ein. Das gibt dem Kind das Gefühl, selbstbestimmt zu leben, überfordert es dennoch nicht unnötig. Außerdem ärgert man sich als Eltern nicht über fünf angebissene Brotscheiben, Semmeln oder Hörnchen.

Erwachsene treffen ihre Entscheidungen meist rasch und zielgenau (bis auf die anstrengenden Erwachsenen, die sich niemals so richtig entscheiden können, aber das ist ein anderes Thema). Das bringen jahrelange Erfahrungen und viele Fehlschläge und -käufe mit sich. Inzwischen wissen wir Großen, dass uns Pistazieneis besser schmeckt als Schokoladeneis oder dass uns Pastellfarben einfach nicht stehen, auch wenn sie vielleicht in einer Saison besonders en vogue sind.

Handeln der Eltern entlastet das Kind

Es fördert die Selbstständigkeit eines Kindes im zweiten Lebensjahr keineswegs, wenn man es jetzt schon Entscheidungen »üben« lässt. Ein Kind kann weder rational vorgehen noch so in sich hineinhören, wie das für wirkliche Entscheidungen notwendig wäre. Kinder fühlen sich deshalb entlastet, wenn man ihnen immer wieder einfach mal etwas in die Hand drückt oder ihnen etwas Warmes überzieht.

Der »Gefühlshaushalt«: Jetzt werden Grundsteine gelegt

Heute weiß man, wie entscheidend das spätere Gefühlsverhalten eines Menschen in den ersten Lebensjahren geprägt wird. Experten sind der Meinung, dass sich positive Gefühlserlebnisse (z. B. Freude, Zärtlichkeit) und negative Gefühlserlebnisse (z. B. Angst, Hilflosigkeit) nicht die Waage halten sollten, sondern dass die positive Seite deutlich überwiegen sollte. Ein gewisses Maß an Enttäuschungen oder Ärger darf man einem Kind nicht ersparen, denn wie sonst soll es lernen, wie man mit diesen unangenehmen Gefühlen umgeht?

Die ganze Gefühlspalette kommt zum Ausdruck

Im zweiten Lebensjahr werden die Gefühle vielfältiger und differenzierter. Ein Kind kann nicht nur Wohlbefinden ausdrücken, wenn sich die Eltern liebevoll mit ihm beschäftigen. Es kann jetzt von sich aus Nähe suchen und Schmusegesten machen. Aber es zeigt nun auch deutlicher, wenn ihm etwas nicht gefällt. Es kann beleidigt reagieren oder wütend.

Die Zeiten, in denen ein ärgerliches oder wütendes Kind als »böses« Kind beschimpft wurde, sind glücklicherweise vorbei. Eltern lassen es heute leichter zu, dass ihr Kind seine »negativen« Seiten zeigt, weil sie wissen, dass zum Menschsein nun mal Sonnen- und Schattenseiten gehören und dass Erziehung nicht bedeutet, einem Kind die Schattenseiten auszutreiben.

Das Kind in seinen Gefühlen ernst nehmen

Ein kleines Kind nimmt kein Blatt vor den Mund und äußert ganz offen, was es fühlt. Noch hat es keine Möglichkeit, seine Gefühle mit dem Verstand zu regulieren, wie das Erwachsene (jedenfalls die meisten) können. Es kann auch drängende Gefühle nicht aushalten – sie müssen sofort in Handlungen umgesetzt werden, um sich davon zu befreien.

Abstufungen gibt es dabei noch kaum: Die Spritze beim Arzt macht genauso viel Angst wie ein kurzes Alleinsein in einem dunklen Zimmer. Das heruntergefallene Lieblingsauto, dem nun ein Rad fehlt, ist ein ebenso großer Kummer wie die verlorene Muschel am Strand (wo es tausende andere in dieser Art gibt, aber die eine war eben einzigartig).

Eltern sollten sich den leider immer noch viel benutzten Satz »Das ist doch nicht so schlimm!« verkneifen. Was wissen sie denn schon , wie schlimm es wirklich ist? Das weiß einzig und allein das Kind. Wichtig ist, das Kind in seinen Gefühlen – und seien sie für Eltern manchmal auch noch so übertrieben – ernst zu nehmen. So wird eine gute Basis gelegt für die spätere Sicherheit »Ich fühle richtig!« und für den EQ (siehe Seite 96).

Viele Erwachsene sind auf der Suche nach ihren ursprünglichen Empfindungen, nach ihrer Intuition, von der sie sich leiten lassen könnten. Wenn man als kleines Kind immer wieder die Erfahrung gemacht hat, dass die eigenen Gefühle keine oder nur wenig Berechtigung haben, verliert man möglicherweise diesen Kontakt zu seinem Inneren. Und das ist ein herber Verlust, denn viele leben dadurch später an ihrem wahren Wesen vorbei.

Mitgefühl: Diese Fähigkeit muss noch wachsen

Ein Ein- bis Zweijähriges empfindet sich noch immer ziemlich klar als Nabel der Welt. Es erlebt zwar, dass auch andere Menschen mal fröhlich und mal traurig sein können, aber es ist sich weitgehend selbst der Nächste. Im Umgang mit Altersgenossen oder Geschwistern kann es sich aggressiv oder egoistisch zeigen, aber dies ist kein generelles Kennzeichen seines Wesens.

Natürlich erschreckt Eltern ein unerfreuliches Verhalten ihres Kindes und viele schämen sich auch dafür, aber man sollte sich klar machen: Ein Kind im zweiten Lebensjahr kann sich noch nicht in andere Menschen hineinversetzen. Es sind bestenfalls zarte Ansätze für diese Fähigkeit vorhanden, aber die reichen eben noch nicht, um sich »sozial« zu verhalten.

Hat die Mutter schlecht geschlafen und leidet unter Kopfschmerzen, wird das Kind – auch wenn es spüren kann, dass seine Mutter anders ist als sonst – keine Rücksicht darauf nehmen. Es wird nicht nur zu den gewohnten Zeiten und in gewohnter Manier seine Mahlzeiten haben wollen, es wird auch womöglich ungerührt mit einem Löffel auf eine Metalldose schlagen oder zahllose Male die nervtötende Melodie der Singpuppe spielen.

Auch wenn es an manchen Tagen schwer fällt zu verstehen: Ein Kind in diesem Alter hat zwar Probleme damit, dass die Mutter, um bei diesem Beispiel zu bleiben, so wortkarg und gereizt ist, aber warum das so ist, ist ihm egal. Daran kann es noch gar nicht denken. Die Erklärung ist ganz einfach und gilt auch noch für einige weitere Lebensjahre: So lange ein Mensch noch nicht in der Lage ist, Gefühle in sich bewusst wahrzunehmen, zu identifizieren und einzuordnen, kann er sich nicht in andere hineinversetzen.

Ein Kind hat noch keine Introspektionsfähigkeit, wie Fachleute das nennen. Es ist also noch nicht in der Lage, in sich hineinzuschauen. Das wiederum hängt mit seinem noch schwach

entwickelten Gedächtnis bzw. der fehlenden Möglichkeit zusammen, auf Erlebnisse und Erfahrungen, die durchaus auf der »Festplatte« gespeichert sind, zuzugreifen.

Zum besseren Verständnis: Wir Erwachsenen wissen, wie wir uns fühlen, wenn wir mit einer Bitte abblitzen. Wir alle haben so etwas mehrfach und in verschiedenen Schweregraden erlebt. Wir spüren dieses Ziehen in der Brust, den Ärger in der Kehle, wir wissen aber auch aus Erfahrung, wie wir uns selbst helfen und trösten können und wie wir den Ärger und den Frust loswerden.

Ein Kind hat ein solches Spektrum noch nicht. Es kann sich an die letzte Kopfschmerzattacke bei seiner Mutter nicht erinnern, nicht daran, wie es diesen Tag erlebt hat, und nicht daran, ob ihm etwas eingefallen ist, den bedrückenden Gefühlen, die ihm dieser Tag beschert hat, etwas entgegenzusetzen.

Die Trotzphase: Jetzt schon spürbar

Auch Einjährige empfinden schon diese enorme Wut, die sich in Kopf und Bauch ausbreitet, wenn man nicht das bekommt oder durchsetzen kann, was man möchte. Auch mit 60 Jahren kann man noch vor Wut schäumen, wenn man erlebt, dass der Postbeamte schon zwei Minuten vor 18 Uhr seine Tür abgeschlossen hat und man doch noch eine so dringende Sendung auf den Weg hätte bringen müssen. Im zweiten Lebensjahr hat diese Wut jedoch noch andere Hintergründe: das Gefühl, trotz aller errungenen Macht immer wieder so schrecklich ohnmächtig zu sein.

Warum Kinder trotzen

Ein erstes Gefühl für Eigenständigkeit

Unter einem »Trotzkopf« versteht man eigentlich eine unreife Person, die partout mit dem Kopf durch die Wand will, ohne mal richtig nachzudenken. Das trifft natürlich für kleine Kinder so nicht zu.

Im ersten Lebensjahr hat das Kind eine sehr enge Bindung zu seinen Eltern aufgebaut, hat sich gar als Teil seiner Mutter erlebt. Gegen Ende des ersten Lebensjahres wird sich es mehr und mehr eigener Fähigkeiten und Fertigkeiten bewusst. Die motorische Entwicklung (mehr dazu auf Seite 57 ff.) trägt dazu ganz wesentlich bei. Das Kind kann z. B. greifen, ziehen, krabbeln oder laufen.

Erstmals beginnt das Kind also, so etwas wie Eigenständigkeit zu spüren. Und das lässt »erste Konflikte« entstehen, wie es Experten ausdrücken. Die Kinder verlassen den elterlichen Schutz, um etwas zu wagen und um sich unter Umständen mit ihren Eltern anzulegen. Diese ersten Erfahrungen, dass Eltern dabei verweigernd, ja wütend werden können, ist für so kleine Kinder sehr verwirrend und beängstigend. Man kann sich gut vorstellen, dass sie mit einer Konfliktsituation »Ich will! Mama will nicht!« ganz schön überfordert sein können. Doch für die erste Loslösung von den Eltern ist der Trotz wichtig.

Trotz gehört zur gesunden Persönlichkeitsentwicklung

Das Hin und Her zwischen Mut und Angst, zwischen Fordern und Zurückgewiesen-Werden, zwischen Toben und hilflosem Weinen – es ist im Grunde eine Intensivversion dessen, was jeder Mensch in seinem Alltag mitmacht. Denn auch Erwachsene sehen sich täglich damit konfrontiert, dass sie etwas (haben) wollen, es aber nicht oder nur gegen bestimmte Widerstände bekommen können. Jeder Mensch hat seine ganz charakteristische Weise, mit dem Wünschen und Verzichten umzugehen. Die Trotzphase ist gewissermaßen ein Intensivtraining dafür.

Trotz, weil die Merkfähigkeit noch gering ist?

So ein flinker Dreikäsehoch macht manchmal den Eindruck, als könne er schon ganz schön raffiniert sein, ja als durchschaue er bereits eine ganze Menge. Aber der Schein trügt. Wenn man das Kind bittet, den CD-Ständer nicht auszuräumen, weil sonst die CDs kaputtgehen oder weil Unordnung nicht schön ist, dann hat man manchmal den Eindruck, man rede gegen eine Wand. Der Effekt ist nämlich oft gleich null. Wenig später liegen sämtliche CDs auf dem Boden.

Dahinter stecken wohl zwei Ursachen: Das Kind möchte unbedingt das tun, was es so unwiderstehlich findet. Und – sein Gedächtnis ist noch ganz kurz. Auch so etwas wie Vorausschau oder Planung kann es noch nicht leisten. Ein einjähriges Kind lebt noch in den Augenblick hinein. Das war natürlich im ersten Lebensjahr erst recht so, nur hatte das Kind da noch keinen so großen Aktionsradius.

Jetzt erwachsen aus diesem »Ich lebe im Hier und Jetzt« und dem Eigensinn neue Gefahren. Dass es beispielsweise die Kellertreppe steil hinabgeht, wenn man auf der ersten Stufe stolpert, bekommt man dann mitunter sehr schmerzhaft zu spüren. Die Aufgabe der Eltern ist es deshalb, ein Kind vor solchen Gefahren, bei denen es sich ernsthafte Verletzungen oder auch Entmutigungen einhandeln kann, zu bewahren, ihm aber dennoch möglichst viele Freiräume offen zu halten, so dass es experimentieren kann.

Warten? Ein Fremdwort!

Eng gekoppelt mit der kaum vorhandenen Merkfähigkeit ist das Nicht-warten-Können. Da ein Kind noch keine Erfahrung hat, dass es eben einen Augenblick dauert, einen Apfel zu reiben, oder dass es noch viel länger dauert, bis das Schmuse-Schlaf-kissen gewaschen und getrocknet ist, muss man sich als Eltern manchmal ein fürchterliches Ungeduls- und Protestgeschrei anhören.

Alle Erklärungen bringen nichts. Es hilft allenfalls, geduldig und beruhigend auf das Kind einzureden. Sicher hat jeder schon einmal die Erfahrung gemacht, dass sinnloses Schimpfen nur Energie raubt. Sich selbst beruhigende Worte zu sagen wird dagegen in vielen Entspannungstechniken eingesetzt.

Machtkämpfe und wie man sie am besten entschärft

Trotz ist sehr anstrengend – und zwar für Eltern und Kind. Denn diese konzentrierte Wut, die sich meist gegen Ende des zweiten Lebensjahres immer häufiger zeigt, hat eine besondere Dimension. Die Kinder reagieren in diesem Alter oft vollkommen »unangemessen«, sind in Gefahr, sich beispielsweise vor Wut fast aus dem Sitz des Einkaufswagens zu stürzen, wenn sie beim Bäcker nicht den Donut bekommen, der sie doch so anlacht. Typisch für die Trotzphase ist auch, dass sich ein Kind so in Rage toben und schreien kann, dass es wie weggetreten wirkt: Weder gutes Zureden noch Schimpfen erreichen es. Es ist nicht mehr ansprechbar.

Auch dass diese Anfälle nun häufig auftreten, ist typisch für dieses Lebensalter. Jetzt hat nämlich das Streben nach Eigenständigkeit äußerste Priorität in der psychischen Entwicklung. (Die Pubertät nennt man nicht von ungefähr »die zweite Trotzphase«.)

In der ersten Trotzphase wird auch zum ersten Mal ein wichtiger Meilenstein in der psychischen Entwicklung erreicht: Ein Kind ist fähig zu eigenen Entscheidungen wie etwa der, heute keinen Anorak anzuziehen, Minusgrade hin oder her. Oder sich diesmal im Auto nicht anschnallen zu lassen.

Die Machtkämpfe, die sich um so elementare Themen wie

Bekleidung bei winterlichen Temperaturen oder Sicherheit im Auto entspinnen können, geraten oft zu Gefechten, in denen selbst sanftmütige Eltern sich nicht anders zu helfen wissen als zu drastischen Maßnahmen zu greifen: Sie zwingen ihr Kind zu seinem Glück, in diesem Fall zu seiner Gesundheit.

Früher wurde auch von erziehungswissenschaftlicher Seite empfohlen, dem Willen des Kindes möglichst nicht nachzugeben, weil man dem Sprössling sonst die Vorstellung mit auf den Weg gäbe, dass Brüllen und Toben stets zum gewünschten Erfolg führe. Inzwischen weiß man, dass es ungünstige Auswirkungen hat, wenn man den Willen des Kindes »bricht«.

Der Weg zur Entspannung

Heute raten viele Experten zu Kompromissen, wo Kompromisse möglich sind (natürlich sind in den oben erwähnten Beispielen mit Anorak oder Sicherheitsgurt keine Kompromisse möglich). Dafür ein Beispiel: Ein Kind möchte unbedingt die 200-Gramm-Tafel Schokolade haben. Alle Angebote, sich doch unter den vielen 100-Gramm-Tafeln eine auszusuchen, stoßen erst auf Protest, dann auf spitzes Geschrei und später auf das typische Sich-zu-Boden-Werfen.

Ein vorstellbarer Kompromiss wäre: Man kauft die 200-Gramm-Tafel, erklärt dem Kind aber, dass es pro Tag nur zwei Stückchen lutschen darf und dass Mama oder Papa die Schokolade aufbewahren wird.

Durch diese Vorgehensweise wird der Wutanfall gestoppt und das Kind, so die Meinung der Verfechter dieser Kompromiss-Methode, sieht beim nächsten Mal keinen Grund mehr, sich für die Erreichung seines Zieles so ins Zeug zu legen. Gleichzeitig müssen sich Eltern nicht den Vorwurf der Inkonsequenz machen (es sei denn, sie haben grundsätzlich etwas gegen Schokolade), denn sie haben nicht einfach klein beigegeben.

Das überholte Motto unserer Eltern und Großeltern, man müsse den Willen eines Trotzkindes brechen, hat wohl bei vielen Kindern Schaden angerichtet. Nach Einschätzung der Fachleute führen diese wiederholten Erlebnisse der Ohnmacht und des Nicht-erhört-Werdens zu einem Verlierergefühl im späteren Leben.

Eltern müssen erfinderisch sein

Trotz Riesengebrüll (möglichst im Supermarkt oder in der Arztpraxis vor zahllosen Augen und Ohren) auf seinem Standpunkt beharren – oder sich bei jedem Trotzanfall etwas einfallen lassen, was man als einen guten Kompromiss bezeichnen könnte? Gerade Kinder im zweiten Lebensjahr kann man noch sehr gut ablenken. Man muss allerdings etwas Erfahrung mit dem Trotz gemacht haben, um zu wissen, wann der »point of no return«, der Punkt also, an dem das Kind nicht mehr ansprechbar ist, überschritten ist. Einige Zeit davor greift Ablenkung noch, danach eben nicht mehr.

So kann man beispielsweise dann, wenn man merkt, dass das Anschnallen im Kindersitz mal wieder ein Kampfthema werden könnte, dem Kind ein Täschchen mit ein paar Utensilien (z. B. Wäscheklammern) in die Hand drücken und sagen: »Schau mal nach, was ich da für dich eingepackt habe!«

Wenn Eltern sich also schützen wollen vor besonders unpassenden Ausbrüchen wie beispielsweise während der Tischrede an Großvaters Siebzigstem oder beim Besuch der lärmempfindlichen Erbtante, sollten sie ihren Erfindungsgeist einsetzen und sich beizeiten wappnen.

Verständnis auch in hitziger Situation

Hat sich ein Kind in Rage gebrüllt, hilft Eltern meist nur noch eine Art Mantra, das sie leise oder in Gedanken vor sich hinsagen können: »Mein Kind hat es im Moment schwer, weil es um seine Eigenständigkeit kämpft.« Oder einfacher und kürzer: »Es wird vorbeigehen!« Wenn man spürt, dass man selbst in Wut gerät, weil dieser Zwerg sich so aufführt, geht man am besten für ein bis zwei Minuten aus dem Zimmer oder wenigstens einige Meter weg vom Kind.

Distanz wirkt in diesem Fall sehr entspannend. Und man sollte wissen, dass Trotzanfälle zwischen wenigen Minuten Dauer bis zu einer Stunde durchaus normal sind. Außerdem sollte man sich immer wieder klar machen: Die kleinen Trotzköpfe wollen ja vor allem Geborgenheit und gleichzeitig treibt es sie hinaus in die »weite Welt«. Sie stehen gewissermaßen ständig unter Strom und sind besonders empfindlich, wenn etwas misslingt. Hinzu kommt, dass sie, obwohl sie sich manchmal so stark fühlen, erkennen müssen, wie viel mehr Macht ihre Eltern haben.

Aufstand in der Öffentlichkeit

Am schlimmsten empfinden wohl alle Eltern die Situation, wenn ihr Kind im Supermarkt, im Schwimmbad oder im Bus einen Trotzanfall bekommt. Wildfremde Menschen werden Zeuge dieser elterlichen Pein und Ohnmacht und nicht wenige starren ungeniert auf das Geschehen – ähnlich wie die Unfallgaffer auf der Autobahn. Hinzu kommt, dass sich manche Augenzeugen berufen fühlen, weise Ratschläge zu erteilen.

Diese wenig erfreuliche Zuwendung fremder Menschen macht manchen Müttern und Vätern so zu schaffen, dass sie selbst anfangen auszurasten und schlimmstenfalls sogar zuschlagen, damit das Kind endlich Ruhe gibt und dieses Angestarrt-Werden aufhört.

Wer von sich weiß, dass ihn in solchen Situationen rasch Scham- und Beklemmungsgefühle beschleichen, sollte sich innerlich folgende Gedanken zurechtlegen: Die anderen sind mir vollkommen egal, die haben sowieso keine Ahnung!

Ich pflegte in der Zeit, in der meine Zwillinge in der Trotzphase waren, stets eine Sonnenbrille mit mir zu führen, ganz unabhängig vom Wetter. Nicht selten nämlich bin ich in einer Warteschlange vor einer Kasse angestanden – mit zwei brüllenden Buben im vollen Einkaufswagen, einer im Sitz, der andere bei den Waren. Ansprechbar war keiner der beiden.

Die Sonnenbrille gab mir das Gefühl, wenigstens einen gewissen Schutz vor den mitleidigen, verständnislosen oder hämischen Blicken zu haben. Ich habe mir zudem äußerste Mühe gegeben, ganz ruhig und beinahe kühl mit meinen Söhnen zu sprechen, so als gäbe es dieses Gebrüll gar nicht. Es war ja klar, dass in diesen Augenblicken alle Appelle an die Vernunft der Kinder für die Katz waren.

Dieses »coole« Gehabe hat mir wenigstens das Gefühl gegeben, die Lage noch halbwegs im Griff zu haben. Schon auf dem Heimweg klang das Gebrüll allmählich ab und zu Hause schien es dann so, als sei nie etwas vorgefallen.

Genügend Schlaf für »the terrible twos«

Briten nennen die Trotzköpfe »the terrible twos«, weil die Kinder gerade um den zweiten Geburstag herum ihre mehr oder weniger unerträglichen Zustände bekommen. Erfahrene Eltern wissen, dass man im Trotzalter eines auf jeden Fall vermeiden sollte: Übermüdung (des Kindes natürlich, aber auch der Eltern). Deshalb ist die Einhaltung der gewohnten Zubettgehzeit jetzt von besonderer Bedeutung. Ein müdes Kind in der Trotzphase ist wie ein Pulverfass. Da kann allein schon die Aufforderung, nun zum Waschen und Ausziehen ins Bad zu kommen, einen Sturm der Wut losbrechen lassen.

Auf Trotz nicht mit Liebesentzug reagieren!
Auch Eltern sind nur Menschen und haben manchmal die Nase voll von Eskapaden. »Mach doch, was du willst!«, möchte man da am liebsten schreien und das Kind mindestens eine halbe Stunde lang ignorieren. Bitte nicht! Ein Kind, das sich beruhigt hat, das wieder zu sich gekommen ist und dem dann auffällt, dass nun die Mutter nicht mehr mit ihm spricht, dass sie es vielleicht noch nicht einmal ansieht, leidet große

Qualen. Es braucht doch seine Eltern so sehr, es ist ja vollkommen hilflos ohne sie. Es macht ihm große Angst, wenn es das Gefühl haben muss, verlassen und nicht mehr geliebt zu sein.

Trotz = Grenzkämpfe

Grenzen lösen Trotz aus. Und auf einmal sind in den Augen des Kindes überall Grenzen: Die Eltern lassen nicht zu, dass die Besteckschublade oder der CD-Ständer ausgeräumt wird, die Schranktür hat einen Sicherheitshaken und lässt sich nicht öffnen, die Söckchen kann man zwar aus-, dann aber nicht wieder anziehen und der Schlüssel lässt sich einfach nicht ins Schlüsselloch stecken. Welch ein Frust! Da kann man sich nur auf den Boden werfen und ganz laut schreien. Ohnmachtsgefühle sind etwas Schreckliches, das wissen wir Erwachsenen auch sehr gut.

Erste Hilfe im akuten Trotzfall: behutsame (und möglichst fast unmerkliche) Unterstützung und Gelassenheit. Vielleicht kann man dem Kind etwas anderes anbieten, um ihm zu zeigen: Hier stößt du nicht an Grenzen.

Auf keinen Fall sollte man sich durch Geschrei und Getobe dazu bringen lassen, einen verschlossenen Schrank zu öffnen, damit das Kind den gewünschten Zugang zu den Handtüchern, den Schüsseln oder Ähnlichem bekommt und endlich Ruhe gibt. Es gibt allerdings Situationen, in denen man flexibler sein muss: Ist das Kind außer sich, weil es etwas selbst machen möchte, was aber bislang nicht gut oder schnell genug geklappt hat, muss man ihm nach und nach mehr Möglichkeit geben, dieses Selbermachen zu üben.

Auf eines muss man allerdings gerade im Trotzalter gefasst sein: dass das Kind das Hilfsangebot mit wildem Protestgeschrei von sich weist! Dann kann man nichts anderes tun, als sich erst einmal zurückzuziehen, um das Angebot zu helfen nach einer Weile zu wiederholen.

Auf eigenen Beinen und mit eigenem Kopf: Die ersten Schritte in die Autonomie

Mit dem Laufen-Können vollziehen sich die ersten Schritte in die Autonomie, denn das Gefühl, auf eigenen Beinen zu stehen, hat enorme Auswirkungen auf die psychische Entwicklung. Die Geschichte vom unsichtbaren Gummiband zwischen Kindern und Eltern passt gut hierzu. Kinder wollen unbedingt hinaus in die weite Welt, aber wenn sie sich unsicher oder bedroht fühlen, lassen sie sich blitzschnell in den schützenden Eltern-Hafen zurückschnellen.

Kinder, die im ersten Lebensjahr ein Gefühl von Sicherheit und Urvertrauen haben aufbauen können, werden mutiger sein als diejenigen, die ein solches Fundament nicht in diesem Maße besitzen. Eltern können ihre Kinder jetzt unterstützen, indem sie die Versuche, etwas allein zu bewerkstelligen, liebevoll und wohlwollend begleiten und nur dann einschreiten, wenn sich das Kind gefährdet. Das Anstrengende daran: Eltern müssen ihr Kind fast permanent beobachten, dabei möglichst gelassen bleiben, aber gleichzeitig wachsam und konzentriert sein.

Mit der Ambivalenz ihres Kindes – hier die Unabhängigkeitsbestrebungen, da die Hilflosigkeit – müssen Eltern zurechtkommen und dürfen seine Signale möglichst nicht überhören. Wenn ein Kind sich sträubt, auf den Arm genommen zu werden, dann soll man es loslassen. Wenn es selbst laufen will, sollte man es laufen lassen, auch wenn es dann vielleicht etwas länger dauert als geplant.

Impulse für das Selbstgefühl

Da ein Kind im zweiten Lebensjahr immer mehr motorische Fertigkeiten entwickelt (siehe dazu auch das Kapitel »Motorische Entwicklung«, Seite 57ff.), empfindet es auch einen Zuwachs an Macht gegenüber seiner Umwelt. Es kann greifen, schieben, ziehen, festhalten, fortwerfen usw. Es verfährt mit Menschen

jetzt manchmal so, als seien auch sie Versuchskaninchen für seine Macht. Einmal schmiegen sie sich an die Mama, ein anderes Mal versuchen sie, sie wegzuschubsen.

Solche Kraftübungen sollte man nicht als feindseligen Akt sehen. Man wird dem Kind bestimmt, aber ruhig erklären (gegebenenfalls immer wieder), dass man das nicht mag. Das Kind sollte spüren, dass seine Eltern letztlich verstehen: Dieses Training ist nötig, um sich eines Tages angemessen durchsetzen zu können. Eltern sollten sich immer bewusst sein, dass sie die weitaus Stärkeren sind. Nur Mütter und Väter mit schwachem Selbstwertgefühl rasten leicht aus, wenn ihr Kind mal übers Ziel hinausschießt.

Damit das Kind ein stabiles Selbstgefühl entwickeln kann, muss ihm trotz seiner Autonomiebestrebungen bzw. Trotzanfälle ein sicherer Hafen geboten werden. Kinder im zweiten Lebensjahr sind noch immer extrem schutzbedürftig, auch wenn sie à la Hänschen klein in die weite Welt hinausmarschieren wollen.

Dass das Kind seinen festen Platz in dieser Welt noch sucht, zeigt auch die Tatsache, dass es sich selbst noch bei seinem Vornamen nennt. Die meisten Kinder verstehen auch noch nicht, wer gemeint ist, wenn sie mit »du« angesprochen werden. Meist wissen sie das erst in der Mitte des dritten Lebensjahres.

Das Kind im Spiegel
In den ersten Monaten des zweiten Lebensjahres meinen Kinder in ihrem eigenen Spiegelbild einen Altersgenossen zu entdecken und beginnen, dieses Kind hinter dem Spiegel zu suchen. Mit etwa 15 bis 18 Monaten sehen die meisten Kinder weg, wenn man sie vor den Spiegel stellt. Erst nach dieser Phase ist es bei fast allen so weit, dass sie sich in ihrem Spiegelbild erkennen, darauf deuten und ihren Namen nennen.

Hilfe manchmal nicht erwünscht

Die Art, wie Eltern ihrem Kind Hilfe anbieten, kann ein kritischer Faktor auf dem Weg zum Selbstbewusstsein des Kindes sein. So sehen und sagen es die Psychologen. Väter und Mütter sollten auf keinen Fall sofort dazuspringen, wenn sie sehen, dass sich ihr Kind vergebens abmüht. Die Kunst ist vielmehr, das Vertrauen zu haben, dass das Kind sein Problem selbst lösen wird, und den Zeitpunkt zu erkennen, wann man ihm mit ein paar kleinen Hilfestellungen dabei zur Hand geht.

Eine Studie hat ergeben, dass Kinder mit ausgeprägtem Selbstwertgefühl Eltern haben, die nur Lösungsvorschläge machen und dann einen Schritt zurücktreten. Diese Lösungsvorschläge müssen altersgerecht sein – aber das versteht sich von selbst. Auf jeden Fall aber zeigt das Verhalten der Eltern dem Kind, dass sie ihm etwas zutrauen. Man sollte sein Kind also intensiv beobachten, sodass man seine Fähigkeiten richtig einschätzt, und die Messlatte nicht zu hoch, aber auch nicht zu niedrig legen.

Schwer haben es die Kinder, die besonders intensiv angeleitet werden und immer gesagt bekommen, wo es lang geht. Sehr direktives Eltenverhalten hat ein eher schwach ausgeprägtes Selbstwertgefühl bei Kindern zur Folge. Offenbar gibt es dabei aber Unterschiede zwischen den Geschlechtern. Das Selbstwertgefühl von Mädchen leidet wahrscheinlich sehr viel stärker unter einem direktiven Elternverhalten.

Was heißt das in der Praxis? Überbehütung schadet schon dem kleinen Kind, weil es nicht lernt, wie viel es aus eigener Kraft bewegen kann. Deshalb brauchen Kinder auch Spielzeug, das ihren Fähigkeiten entspricht (mehr dazu siehe im Kapitel »Förderung« ab Seite 121).

»Richtig« und »falsch«: Wie sage ich es meinem Kind?

Einem Kind sollte man viel häufiger zeigen, was es schon alles richtig macht, als das, was es noch falsch macht oder noch gar nicht kann. Kritik und Tadel sollten immer eindeutig auf das Verhalten bezogen sein und nicht die Persönlichkeit als Ganzes abwerten. Ein Kind braucht immer wieder die Bestätigung, dass es willkommen ist, dass seine Eltern gern mit ihm zusammenleben.

Wie entsteht Persönlichkeit?

»Vom ersten Tag an beginnt das Kind, mit der Mutter seine Persönlichkeit auszuhandeln«, sagte der Bremer Hirnforscher und Philosoph Gerhard Roth dem Magazin ›stern‹ (25/2002). Es sei ein Wechselspiel von Reiz und Antwort, das mit den Kontakt suchenden Augen nach der Geburt beginnt. Über den Hautkontakt, dann über die Beobachtung der Mutter bzw. der engsten Bezugspersonen und über die Nachahmung, dann auch über die Sprache wachse eine Bindung, bei der das Kind eben nicht nur die anderen, sondern auch sich selbst findet. Das erinnert an den berühmten Satz des Philosophen Martin Buber: »Das Ich findet sich im Du.«

Bindungserfahrungen formen die Persönlichkeit

Nur Bindungen, in denen es ein ständiges Geben und Nehmen und ein ständiges Agieren und Reagieren gibt, erlauben eine normale Entwicklung des Gehirns. Im Rahmen der ererbten Anlagen bilden sich so allmählich (über viele Jahre hinweg) all die Eigenschaften aus, die den Charakter eines Menschen ausmachen.

Entscheidend ist nach heutigem Kenntnisstand übrigens nicht, dass eine Bindung des Kindes zu leiblichen Verwandten besteht. Für die gesunde seelische Entwicklung kommt es zudem auf die

Qualität der Fürsorge an, nicht auf die Stundenzahl, die die Mutter mit ihrem Kind verbringt. Wesentlich ist also die liebende Zuwendung eines Menschen und die Möglichkeit, eine feste, verlässliche Bindung aufzubauen. Diese Bindung, wie auch immer sie gestaltet wird, ist das Urmodell für alle späteren Bindungen.

Wie lange die Persönlichkeit formbar ist, stellt nach wie vor ein Streitthema unter den Experten dar. Manche sehen nur die ersten drei Lebensjahre als die entscheidende Zeit an, manche geben Zeit bis zum Schulalter. Fest steht aber, dass sich Persönlichkeitsmerkmale nicht mehr verändern lassen, auch wenn man ein Leben lang entwicklungsfähig bleibt. Die psychische Grundstruktur ist nicht »bearbeitbar«.

Was also muss man Kindern bieten, damit sie eine gesunde, stabile Persönlichkeit entwickeln können? Eigentlich ganz einfache Dinge: Fürsorge, Zuwendung, Einfühlsamkeit, Beständigkeit – und realistische Erwartungen. Letzteres scheint bei manchen Eltern ein wenig in Vergessenheit geraten zu sein. Natürlich kann man stolz sein, wenn sich das eigene Kind als Überflieger entpuppt. Und beim Gedanken an den Arbeitsmarkt mag es erleichternd wirken, wenn man sein Kind als besonders eifrig und intelligent erlebt. Lebensglück verheißen diese Eigenschaften jedoch nicht.

Stimmungsschwankungen sind normal

Auch Babys sind nicht die Ausgeglichenheit in Person, aber wenn sie satt, sauber und zufrieden sind, kann ihre Welt so schnell nichts erschüttern. Bei einem Kind im zweiten Lebensjahr ist das anders. Es erkundet die Welt nun auch mit dem Verstand und es ahnt, dass sie nicht immer ganz so funktioniert, wie es sich das wünscht. Erfolgserlebnisse und Frusterfahrungen wechseln sich ab. Und das hat ein manchmal recht rasantes Umschlagen der Stimmung zur Folge. Wer derart im Auf und Ab lebt, verträgt es auch schlecht, wenn etwas im Tagesablauf nicht so ist wie gewohnt. Deshalb reagieren Kinder in diesem Alter manchmal auffallend heftig auf scheinbar vollkommen unbedeutende Änderungen (z. B. wenn das Schmusekissen anders bezogen ist als sonst).

Woher kommen menschliche Grundkompetenzen?

Sprache, Denken, Selbstbewusstsein, soziale Handlungsfähigkeit, Sensomotorik und ihre Verbindungen zur Sprache – all das zählt man zu den Grundkompetenzen. Faszinierend ist, dass diese Fähigkeiten beim Neugeborenen allesamt schon angelegt sind, wenn auch noch nicht sichtbar. Was sich an Kompetenzen ausformt – so beschreibt es der Soziologe und Philosoph Friedrich Pohlmann in seinem Buch ›Die soziale Geburt des Menschen‹ –, ist aber keineswegs allein ein Ergebnis endogener Reifungsprozesse des Zentralnervensystems und des motorischen Apparats, sondern es wird ganz wesentlich vermittelt über die Interaktionen des Kindes mit seinen Bezugspersonen. Dies gilt nicht nur für die kognitiven und sozialen Kompetenzen des Kleinkindes, sondern ebenso für die Entwicklung seiner Sensomotorik, die ganz und gar ein Ergebnis sozialer Lernprozesse ist.

Größtenteils intuitiv passen Erwachsene ihr Verhalten den Schemata des Kindes in einer Weise an, dass sich dessen Bewusstseins- und Handlungspotenziale sukzessive herausbilden können. Außerdem gehen Wissenschaftler von einer »kommunikativen Fiktion« aus: Erwachsene unterstellen dem Säugling und Kleinkind gleichsam, dass sowohl die Laute, die es von sich gibt, als auch seine Bewegungen bzw. seine Körpersprache einen Sinn, also einen bewussten und absichtlichen Ursprung haben. Jede Mutter-Kind- bzw. Vater-Kind-Interaktion spielt sich vor der Unterstellung ab, das Kind habe bereits eine kommunikative Kompetenz und setze diese ein.

Diese Fiktion prägt die Verhaltensweisen und situationsspezifischen Sinnzuschreibungen der Bezugspersonen. Durch diese

Fiktion bzw. durch die auf ihr beruhenden Interaktionsprozesse wird, so Friedrich Pohlmann, die wirkliche soziale Handlungs- und Kommunikationsfähigkeit des Kindes entfacht. Ohne diese Fiktion ist diese Entwicklung gar nicht denkbar.

Grundkompetenzen und was damit gemeint ist
(nach Friedrich Pohlmann)

– *Sensomotorik (Zusammenwirken von Sinneswahrnehmungen und Bewegungen):* Die große Variabilität und Differenzierungsfähigkeit der menschlichen Sensomotorik ist die Grundbedingung der Handlungs- und Weltoffenheit des Menschen. Die Sensomotorik entwickelt sich über Lernprozesse, sie ist nicht ererbt, sondern erworben. Also braucht ein Kind hierzu die Möglichkeit zu spielen, zu forschen und zu gestalten. Denkvermögen und sensomotorische Intelligenzentwicklung sind eng gekoppelt.

– *Selbstbewusstsein:* Die Verdopplungs- und Reflexionsfähigkeit des Ich auf sich selbst ist eine Grundbedingung der sozialen Handlungsfähigkeit. Angeboren ist auch das Selbstbewusstsein nicht. Das Potenzial dazu ist da, aber seine Entfaltung wird durch unzählige Faktoren bestimmt – die Sozialisationstheorie befasst sich seit vielen Jahren damit. Ein wesentlicher Punkt ist die Fähigkeit zur »Perspektivenübernahme«, wie Fachleute das nennen. Das heißt nichts anderes als das Vermögen, sich in die Situation und in die Gefühlslage anderer hineinzuversetzen.

– *Sprache:* Auch die Sprache ist als Potenzial angelegt, es braucht aber auch hier Bezugspersonen, damit sich diese Fähigkeit entwickeln kann.

EQ – das Erfolgsbarometer

Die Abkürzung EQ steht für »Emotionaler Quotient« und gibt an, wie viel emotionale Intelligenz ein Kind besitzt. Je höher der EQ, umso erfolgreicher wird ein Kind sein Leben einmal gestalten. Und das Beste: Den EQ können die Eltern durch ihr Verhalten in die Höhe treiben, was sie beim IQ nicht können. Genauer gesagt: Der IQ ist angeboren, der EQ wird erworben. Emotional intelligent zu sein heißt, seine eigenen Gefühl zu erkennen, zu kontrollieren und in einer zuträglichen Form auszuleben. Es heißt aber auch, die Gefühle anderer leichter erspüren und deuten zu können.

Was fördert die emotionale Intelligenz? Und wie früh muss man damit beginnen, den EQ zu fördern? Zunächst die Antwort auf die zweite, dringlichere Frage: Man kann gar nicht früh genug damit anfangen, aber das zweite Lebensjahr ist geradezu ideal, weil das Kind seine Eltern nun schon recht gut versteht. Und die sollten ihr Kind so oft wie möglich »spiegeln«, d. h. über die Gefühle, die sie bei ihm wahrnehmen, sprechen. »Ja, das gefällt dir!« – »Du wirst müde sein!« – »Das hat dir wehgetan!«

Im zweiten Lebensjahr kann man dem Kind auch die eigenen Gefühle mitteilen. Es versteht sich, dass dies in sehr einfacher und verkürzter Form geschehen muss und dass ein Kind nicht als »Seelsorger« fungieren kann. Ein ein- bis zweijähriges Kind nimmt allerdings sehr wohl wahr, wenn die Mutter niedergeschlagen ist. Wenn sie ihm erklärt, was ihr auf dem Herzen liegt (»Ich kann die Arbeit nicht machen, die ich gerne machen würde« – bei einer Absage auf eine Bewerbung beispielsweise), lernt das Kind die Stimmung zu verstehen, ohne dass es den Inhalt der Erklärung wirklich verstanden haben muss. Wesentlich ist hier auch, dass das Kind nicht befürchten muss, die Mutter sei wegen ihm so betrübt. Sogar schon im zweiten Lebensjahr entwickeln Kinder sehr leicht Schuldgefühle und versuchen alles daran zu setzen, die Mutter wieder heiter zu stimmen. Das kann bis zur Selbstverleugnung gehen.

Menschen mit hohem EQ sind deshalb so erfolgreich, weil sie – vereinfacht ausgedrückt – »Ordnung in ihrem Kopf« haben. Sie schlagen sich nicht mit lähmenden Gefühlen herum, sondern sind selbstsicher und fühlen sich grundsätzlich respektiert. Wer diese innere Sicherheit hat, wird tatsächlich auch von allen respektiert – ein Phänomen, das man überall beobachten kann.

Mitreden können: Die neue Welt der Kommunikation

»Löwe gehen!«, sagt ein Kind im zweiten Lebensjahr. Grammatikalisch lässt dieses Sätzchen noch sehr zu wünschen übrig, aber darauf kommt es in diesem Alter noch nicht an. Es geht darum, sich über ein neues Medium – nämlich die Sprache – zu verständigen, statt wie bislang über Laute, Mimik und Körpersprache. Und wie man sieht, reichen diese zwei Wörter durchaus, um sich verständlich zu machen.

Mit wenigen Worten zaubern

In der zweiten Hälfte des zweiten Lebensjahres wird der Wortschatz fast über Nacht größer. Eine kontinuierliche Vergrößerung des Wortschatzes darf man aber nicht erwarten. War die Verständigung mit dem Kind in den ersten Monaten des zweiten Lebensjahres oft noch schwierig, so wird sie jetzt deutlich leichter. Auch wenn das Kind noch keine vollständigen Sätze spricht, Begriffe häufig falsch einsetzt und viele Wörter nicht richtig aussprechen kann, hat sich seine verbale Kommunikationsfähigkeit deutlich gewandelt.

Besonders mit den Eltern, die den Spracherwerb ihres Kindes von Anfang an begleitet haben und deshalb auch manche Wortakrobatik verstehen (wie etwa »Wüffelbaffer« für Wasserbüffel oder »Madebantel« für Bademantel), kann sich ein Kind gut verständigen und es wird dabei mit wenigen Worten eine neue Atmosphäre zaubern.

Mit etwa 18 Monaten bis zum Ende des zweiten Lebensjahres werden die Begriffe auch richtig zugeordnet. So sagt das Kind jetzt nicht mehr zu allen Vierbeinern »Katze«, sondern kennt nun auch den Hund, das Äffchen oder die Ziege.

Verstehen geht schneller als Sprechen

Bereits zu Beginn des zweiten Lebensjahres verstehen Kinder erstaunlich viel. Wenn man z. B. sagt: »Wir gehen einkaufen«, kommt es gelaufen. Natürlich sind hier nicht nur die Wörter ausschlaggebend. Ein Kind kennt die Abläufe in seinem Elternhaus. Es weiß zwar noch nicht, dass Mutter oder Vater immer am Donnerstag einkaufen fährt, aber es weiß, dass immer erst die leeren Wasserkästen aus dem Keller ins Auto getragen werden und dass es dann losgeht.

Auch wenn das Kind gegen Ende des zweiten Lebensjahres nur Zwei-Wort-Sätze sprechen kann, versteht es sehr viel kompliziertere Sätze. Beispielsweise: »Gib mir bitte mal den Eimer und das Schäufelchen!«

Sprache als Verhaltenstrainer

Je mehr ein Kind versteht, umso mehr Botschaften kann man per Sprache übermitteln. »Bitte wirf die Puppe nicht auf den Boden!« – »Kannst du mir deine Söckchen bringen?« – »Hast du etwas geschenkt bekommen? Sagst du danke?« Natürlich wird nicht alles auf Anhieb klappen. Aber nach dem Motto »steter Tropfen höhlt den Stein« bleibt etwas in dem kleinen Köpfchen hängen und man kann manchmal erleben, dass Fragmente solcher Anweisungen dann der Puppe oder dem Teddy erzählt werden: »Danke sagen!« Es zeigt sich hier schon etwas von dem, was man als »innere Stimme« oder auch als »Gewissen« bezeichnet. Eltern sollten sich also der Tragweite ihrer Äußerungen bewusst sein: Vieles von dem, was sie sagen, wird ein Kind verinnerlichen. Und das trotz jetzt noch geringer Merkfähigkeit.

Was beeinflusst die Sprachentwicklung?

Dialekte und Diktionen der Eltern werden von den Kindern übernommen. Bei Drei- und Vierjährigen klingt es besonders putzig, wenn sie – meist noch unbeeinflusst von der Sprache ihrer Kindergartenkameraden – reden wie ihre Geschwister, Eltern und Großeltern. Wird zu Hause hochdeutsch gesprochen, spricht auch das Kind hochdeutsch. Wird zu Hause gesächselt oder geschwäbelt, tut das natürlich auch das Kind.

Wann ein Kind anfängt zu sprechen und wie gern es spricht, hat viel mit seiner Umgebung zu tun. Im Kapitel »Förderung« (Seite 121ff.) wird ausführlicher darauf eingegangen. Hier sei gesagt: Mit einem Kind sollte viel und sehr zugewandt gesprochen werden, das allein fördert seine Sprachentwicklung schon ganz entscheidend. Eltern sollten sich zudem bemühen, sich grammatikalisch richtig auszudrücken. Auch wenn das Kind dieses Vorbild jetzt noch nicht umsetzen kann, sein Ohr bzw. sein Gehirn nimmt all das auf und speichert es auf der »Festplatte«.

Hier spielt die schon angesprochene »kommunikative Fiktion« ebenfalls eine Rolle. Auch wenn Eltern wissen, dass ihr Kind noch nicht Wort für Wort versteht, was sie sagen, sprechen sie mit ihrem Kind, als ob diese Entwicklung bereits vollzogen wäre. »Die vorgreifende Zuordnung von Kompetenzen durch die Bezugsperson bringt die Kompetenzen hervor, denen sie vorgreift«, schreibt Friedrich Pohlmann.

Das Besondere an der Produktion von Lauten ist, dass ein Kind seine Laute auch hören kann. Diese Rückbezüglichkeit unseres Hörens ermöglicht eine elementare Selbstwahrnehmung und -vergewisserung, ohne die sich unsere Sprachentwicklung nicht gestalten könnte.

Zwillinge hinken oft hinterher

Zwillinge entwickeln oft eine eigene, für Außenstehende vollkommen unverständliche Sprache, gerade so, als würden sie auf einer einsamen Insel leben. Diese Zwillingssprache kann bis zum Ende des dritten Lebensjahres neben der »richtigen« Sprache bestehen bleiben. Weil Zwillinge also in gewisser Weise »zweisprachig« aufwachsen, dauert es bei ihnen mitunter etwas länger, bis sie in ihrer Sprachentwicklung etwa so weit sind wie Gleichaltrige.

Tolle Erfahrung: Laute bringen ein Feedback

Ebenso wie die Tast- und Greifbewegungen im ersten Lebensjahr ist die Lautproduktion – so nennen es Experten – ein »sensomotorischer Kreisprozess«. Auch das Baby bringt Laute hervor, um durch sie etwas zu erreichen. Es fängt also bereits an zu kommunizieren. Doch das ist nicht alles: Das Kind sendet die Laute an seine Umgebung und es hört seine Laute auch selbst.

Die Reaktionen der Umgebung auf diese Laute sind ein Anreiz für das Kind, mehr auszuprobieren. Das führt letztlich zur Sprachentwicklung. Wichtig ist dabei – wie in so vielen anderen Bereichen der kindlichen Entwicklung – die Regelmäßigkeit: Eltern sollten auf bestimmte Lautäußerungen bzw. Wortschöpfungen in gleicher Weise reagieren. Also nicht das eine Mal erfreut und aufmerksam, das andere Mal schweigend und gedankenverloren. Kehren die vertrauten Reaktionen immer wieder, dann festigt sich im Kind diese Kombination »meine Äußerung – deine Reaktion«. Sie befähigt das Kind, das elterliche »Antwortverhalten« vorauszuahnen.

Damit gelingt nun ein weiterer Entwicklungsschritt: das bewusste Einsetzen bestimmter Laute und Wörter. Ein Beispiel, das alle Eltern kennen: Das Kind artikuliert immer wieder »Mama«. Die Mutter fühlt sich gerufen, doch das Kind hat offenbar nur getestet, ob die Mutter »auf ihren Namen hört«.

Erste Ansätze eines Einfühlungsvermögens

Laute aussenden und schon ahnen, was dann passieren wird, sind erste Übungen für das Vorausahnen der Reaktionen anderer. Antizipation ist der Fachbegriff dafür. Sie ist eine der Grundbedingungen sozialer Handlungsfähigkeit. Wir alle agieren nicht im luftleeren Raum, sondern passen uns – mehr unbewusst als bewusst – in unserem Handeln an unsere Umgebung an. Wir können uns die möglichen Reaktionen eines anderen Menschen auf unser Tun ausmalen und darauf stimmen wir unsere Aktionen ein Stück weit ab.

Kleine Kinder müssen erst lernen, welches Tun welche Reaktion auslöst. Deshalb sind Regelmäßigkeitserfahrungen so entscheidend. Auf diese Weise wird ein Kind mit seiner nächsten Umgebung vertraut. Und noch etwas ganz Entscheidendes im menschlichen Leben bewirken diese Regelmäßigkeitserfahrungen: Sie schenken das Gefühl, dass man mit seinem Verhalten etwas bewirken kann. Man spricht von Selbstwirksamkeit, ein ganz wesentlicher Bestandteil des Selbstwertgefühls des Heranwachsenden und Erwachsenen.

Ironie – bitte nie!

Was Erwachsene witzig und geistreich finden, können so kleine Kinder in der Regel noch nicht verstehen. Am allerwenigsten verstehen sie ironische Bemerkungen, die an sie gerichtet sind. »Na, du hast ja wieder viel gegessen!« – »Noch lauter bitte!« – »Möchtest du einen Weltrekord im Nasebohren aufstellen?«

Wenn man Kinder erzieht, muss man sehr genau unterscheiden, was feiner Humor ist und was Ironie und Spott. Eltern sollten auch wissen, dass ein Kind viele Jahre das Wohlwollen, die Geradlinigkeit, die heitere Zuversicht und die warmherzige Geduld seiner Eltern erlebt haben muss, bevor es mit ironischen Äußerungen etwas anfangen kann. Und das ist zumeist erst gegen Ende der Pubertät der Fall.

Kinder, zumal sehr kleine, nehmen alles, was die Eltern sagen, wörtlich. Sie sind durch ironische Äußerungen bestenfalls irritiert, schlimmstenfalls zutiefst verletzt. Deshalb sollte klar sein: Alle so genannten »humorvollen« Äußerungen, die eine Abwertung oder eine Veräppelung enthalten, haben in der Erziehung nichts verloren!

Sprachprobleme sind oft hausgemacht

Schon im Jahr 1996 hat die Uni Mainz festgestellt, dass 25 Prozent der Kinder eines Jahrgangs sprachentwicklungsgestört sind. Inzwischen sind die Zahlen noch alarmierender. Zwar ist die Sprachentwicklung ein hochkomplexes Thema, aber für die Wissenschaftler steht eine der Ursachen zweifelsfrei fest: In den Familien wird zu wenig gesprochen und zu viel ferngesehen.

Fernsehen ist eine »einseitige Kommunikation«, d.h., es wird dem Kind zwar Sprache »serviert«, aber es bekommt keine Gelegenheit zum Üben. Doch gerade in den ersten Lebensjahren erwirbt ein Kind die Dialogfähigkeit. Das Gehirn wird zwischen dem sechsten Monat und dem Ende des zweiten Lebensjahres in dieser Hinsicht besonders geprägt. Die zunehmende Sprachlosigkeit in den Familien führt jedoch dazu, dass immer mehr Kinder nicht die entsprechenden Impulse bekommen, wenn ihr Entwicklungsfenster offen ist.

Die Familie sei »der Geburtsort für die spätere Sprach- und Lesekompetenz«, meinte der Geschäftsführer der »Stiftung Lesen« in Mainz, Heinrich Kreibisch, in einem Interview mit dem Nachrichtenmagazin ›Focus‹ (24/2002). Er riet Eltern dazu, Kindern möglichst oft vorzulesen.

Selbstgespräche, um mit Gefühlen fertig zu werden
Für die Gefühlswelt eines Kindes sind Selbstgespräche sehr wichtig. Im zweiten Lebensjahr beginnt die Hoch-Zeit der Selbstgespräche gerade erst. Allerdings ist in diesem Alter noch nicht zu unterscheiden, ob ein Kind laut redet, um die Sprache zu üben oder um mit Erlebtem fertig zu werden.

Das Kommunizieren mit den Augen

Nun war viel vom Hören die Rede. Unser Ohr ist ein kaum zentrierbarer Sinn, d.h.: Wir müssen hören, ob wir wollen oder nicht, und zwar alles, was um uns herum an Geräuschen vorhanden ist. Zwar können wir das eine oder andere von unserem Bewusstsein fern halten wie etwa die ständigen Motorengeräusche von der Straße. Trotzdem nimmt unser Ohr all das ununterbrochen auf – »krank durch Lärm« ist ein Schlagwort unserer Zeit.

Das Auge hingegen können wir ganz einfach schließen, wenn wir etwas nicht sehen möchten, und wir können die Dinge auswählen, die wir uns anschauen wollen. Wir können den Kopf abwenden oder den Fokus auf etwas richten und die restliche Umgebung »unscharf« stellen.

Die Macht des Blickes

Wenn wir anderen in die Augen sehen, dann stellt dies ein besonderes zwischenmenschliches Phänomen dar: Wir können nicht nehmen, ohne zugleich zu geben. Der Blick des anderen auf mich, so zitiert Friedrich Pohlmann den französischen Existenzialphilosophen Jean-Paul Sartre, ist die »reine Verweisung auf mich selbst«. Der Blick sei nicht seelenlos, so Friedrich Pohlmann weiter, sondern das Fenster zur Seele. Durch den Blick gäbe man viel von sich preis und zeige, was man dem anderen gegenüber empfindet.

Bis etwa zum sechsten Lebensjahr glauben Kinder, dass jemanden zu sehen immer heißt, ihm in die Augen zu schauen. Dass man auch dann gesehen wird, wenn man selbst nicht sieht, ist ihnen noch nicht klar. Interessant in diesem Zusammenhang: Ein Kind glaubt, dass es nicht gesehen wird, wenn es sich die Augen zuhält.

Psychologen betonen immer wieder, wie wesentlich »der Glanz in den Augen der Eltern« beim Anblick ihres Kindes ist. Ein kleines Kind braucht wieder und wieder die Bestätigung, dass es willkommen ist auf dieser Welt und dass es so, wie es ist, große Freude macht. Glücklicherweise gibt es immer weniger Eltern, die schon ein so kleines Kind durch überwiegend missbilligende Blicke zu erziehen versuchen. Selbstverständlich müssen Eltern Ärger nicht unterdrücken oder hinter einem verkrampften Lächeln verbergen, aber sie sollten sich der Macht ihres Blickes bewusst sein.

Übrigens: Das Auge ist eines der am frühesten ausgebildeten Kommunikationssysteme eines Menschen.

Blickkontakt als roter Faden einer Beziehung

»Die Kommunikation der Augen hat eine tragende Bedeutung für alle Sequenzen von Mutter-Kind-Dialogen«, schreibt Friedrich Pohlmann. Wie wesentlich der freundlich-liebevolle Blickkontakt für die momentane Stimmung des Kindes, aber auch für seine gesamte psychische Entwicklung ist, verdeutlicht der Autor an einem Beispiel:

Mutter und Kind sitzen sich gegenüber und die Mutter erzählt ihrem Kind etwas. Beide sehen sich interessiert und liebevoll an. Die Mutter hört jemanden kommen und wendet ihren Blick vom Kind ab. Sofort erlischt das Lächeln im Gesicht des Kindes, an seine Stelle tritt ein ängstlich-besorgter, aber auch ärgerlicher Gesichtsausdruck. Es schaut die Mutter weiterhin an, als warte es auf die Rückkehr ihres Blickes.

Nun wendet sich die Mutter ihrem Kind wieder zu. Doch offenbar hat ihr der kurze Auftritt der anderen Person die Laune gründlich verdorben, denn sie ist jetzt einsilbig und wirkt niedergeschlagen, ihre Munterkeit ist weg, ihre Stimme klingt monoton. Zwar sieht sie ihr Kind an, aber sie wirkt abwesend und der Blick schweift auch immer wieder weg vom Kind. In den Momenten des wieder aufgenommenen Blickkontakts versucht das Kind, durch Plappern auf sich aufmerksam zu machen. Doch dieses »Manöver« scheint nicht von Erfolg gekrönt zu sein, sodass sich das Kind schließlich mit einem verstörten Gesichtsausdruck von der Mutter abwendet.

»Zunächst wurde der Kontakt durch das Wegschauen der Mutter unterbrochen«, schreibt Friedrich Pohlmann, »um dann auf unerfreuliche Weise weitergeführt zu werden: Die Mutter, selbst damit beschäftigt, sich zu orientieren, reagiert nicht einfühlsam und sensibel auf die Aktionen des Kindes. Die soziale Resonanz unterbleibt.«

Einander wirklich sehen und ansehen – ein Thema, das in unserer schnelllebigen Zeit so unendlich wichtig wäre. Frisch Verliebte können gar nicht genug davon bekommen, einander in die Augen zu sehen. Mit den Jahren kommt es dann in manchen Partnerschaften so weit, dass allenfalls noch Blicke ausgetauscht werden, und nicht einmal die sind immer wohlwollend.

Wie weh ein wenig wohlwollender Blick tun kann, wissen wir alle. Ein erwachsener Mensch kann ihn verdauen, aber die Erinnerung daran bleibt umso länger wach, je bedeutsamer der Mensch war, der diesen Blick ausgesandt hat.

Angesichts dieser Wirkung von Blicken kann man ermessen, wie wesentlich ein liebevoller und offener Blick für ein kleines Kind ist. Ein Kind im zweiten Lebensjahr kann sich noch nicht sagen: »Oh, Mama ist heute aber schlecht drauf, so wie sie schaut!« Ein so kleines Kind fühlt sich abgelehnt, wenn der Blick der Mutter freudlos und leer ist.

Sauberkeitserziehung: Bloß nicht zu früh!

Noch immer liest man, dass ein Kind niemals sauber würde, wenn Eltern ihm nicht in diesem Bereich entsprechende Erziehung angedeihen ließen. Nun gibt es dazu keine vergleichenden Studien – hier die Kinder, die eine Sauberkeitserziehung bekommen, da die Kinder, die man in dieser Hinsicht vollkommen sich selbst überlässt. Doch es ist mit großer Wahrscheinlichkeit anzunehmen, dass das elterliche Vorbild gerade in diesem Bereich mehr bewirkt als Worte und entsprechende Maßnahmen.

Sauberkeit verlangt reife Körperfunktionen

Noch immer gibt es Mütter (manchmal sind es auch die Väter), die sich damit brüsten, ihr Kind sei mit einem Jahr sauber gewesen. Dazu kann man nur sagen: Da hat das arme Kind aber ganz schön gegen seine Natur arbeiten müssen. Denn die bewusste Beherrschung der entsprechenden Muskulatur von Blase und Enddarm kann ein Kind normalerweise erst gegen Ende des zweiten Lebensjahres, oft sogar erst zu Anfang des dritten Lebensjahres vollbringen. Erst dann sind die neuromuskulären und sensorischen Voraussetzungen für das Sauberwerden gegeben.

Ein Kind, das sehr früh sauber werden muss, wird gezwungen, einen Reifungsprozess im Zeitraffer durchzuziehen. Das kann nicht gut sein! Manche Experten vermuten, dass gewisse Zusammenhänge bestehen zwischen zu früher Sauberkeitserziehung und späteren Problemen mit dem Urogenitalkomplex. Das kann sich beispielsweise in einer Reizblase äußern, in chronischer Verstopfung oder in sexuellen Schwierigkeiten.

Sauber zu werden bedeutet für das Kind, einen Prozess, der »automatisch« abläuft, unter Kontrolle zu bekommen und willentlich zu beeinflussen. Dieses Kontrollieren muss eine Weile geübt werden, denn es muss auch dann klappen, wenn das Kind müde oder ins Spiel vertieft ist. Die Kontrolle der Ausscheidungsorgane ist nun mal kein rein physiologischer Vorgang, es gehört auch eine seelisch-geistige Reife dazu. Hat ein Kind seelischen Stress, zeigt sich dies manchmal allein dadurch, dass es nach längerer Sauberkeit wieder einnässt.

Toilettengang im Beisein des Kindes?

Für manche Eltern ist es vollkommen selbstverständlich, dass die Badezimmer- bzw. Toilettentür offen bleibt, wenn die Familie unter sich ist. Dies ist eine sehr gute Voraussetzung für eine zwanglose Anleitung zum Sauberwerden. Das Kind nimmt daduch mehr und mehr wahr, was die Eltern auf der Toilette machen.

Im zweiten Lebensjahr ist es, wie oben erklärt, noch nicht angebracht, verstärkt auf die Sauberkeit hinzuarbeiten. Gegen Ende des zweiten Lebensjahres kann man durchaus einen Topf neben der Toilette stehen haben, vielleicht möchte das Kind diesen kleinen Thron einmal ausprobieren. Drängen sollte man es aber nicht.

Im Sommer ist Sauberwerden leichter

In den warmen Monaten kann man das Kind häufiger nackt oder »unten ohne« herumlaufen lassen. Das hilft manchen Kindern, ihre Blasen- und Darmentleerungsfunktionen näher kennen zu lernen (Voraussetzung ist aber immer ein entsprechendes Alter). Urin und Stuhl verschwinden dann nicht »einfach so« in der Windel und werden von Mutter oder Vater entsorgt, sondern da kann sich das Kind auch mit dem Ergebnis seiner Produktion im wahrsten Sinne des Wortes »befassen«. Der Anblick mag viele Eltern ekeln, aber ein Kind in diesem Alter betrachtet eben alles zunächst einmal mit Neugier. Ekelgefühle sind nicht von Geburt an vorhanden.

Onanie ist normal

Noch immer gibt es Eltern, die mit Befremden oder sogar Entsetzen registrieren, dass ihr kleines Kind schon entdeckt hat, wie viel Lust es macht, an den Geschlechtsorganen zu spielen. Sie wissen offenbar nicht, dass ein Mensch von Anfang an ein sexuelles Wesen ist und dass körperliche Lust keine Frage des Alters ist. Es ist einzig und allein eine Frage, wie man diese Lustgefühle ausleben kann und möchte.

Für ein Kind ist es eine tolle Entdeckung, dass es mit seinem Körper so viel Spaß haben kann. Auf keinen Fall sollte man dem Kind diese Spiele verbieten, man sollte auch kein Missfallen oder Missbehagen ausdrücken. Wenn dieses Thema Eltern die Schamesröte ins Gesicht treibt, dann ist das in erster Linie ihr Problem.

Wesentlich ist, dass man einem Kind, das ungeniert (weil es das noch nicht anders weiß) in der Öffentlichkeit – also etwa beim Besuch der Schwiegereltern oder in der Mutter-Kind-Gruppe – onaniert, so behutsam wie möglich Diskretion beibringt. Das ist nicht einfach, da das Kind leicht das Gefühl bekommen kann, es tut doch etwas Verbotenes. Sobald man bemerkt, dass das Kind vor den Augen anderer an sich zu spielen beginnt, sollte man für Ablenkung sorgen. Man kann ihm liebevoll erklären, dass es sich die erwünschten Wonnen am besten zu Hause verschafft. Das wird ein Kind in diesem Alter natürlich nicht auf Anhieb verstehen. Es ist einige Geduld vonnöten, bis es verstanden hat, dass es sich nur dann streicheln sollte, wenn es allein ist.

Kinder, die von ihrem Tun ganz offenkundig nicht lassen können, die jeden Abend im Bett onanieren oder sich in Stresssituationen zwischen die Beinchen fassen, haben unter Umständen psychische Probleme. Es kann sein, dass sie zu wenig Aufmerksamkeit oder zu wenig Zärtlichkeit bekommen, oder es kann Eifersucht gegenüber einem Geschwister dahinterstecken.

Auf jeden Fall sollten sich Eltern einmal überlegen, weshalb das Kind diese Erregungs- und Lustquelle so oft nutzen muss. (Mehr dazu im Kapitel »Kleine und größere Sorgen«, Seite 173ff.)

Braucht unser Kind einen Freund?

Viele Mütter von Kleinkindern fühlen sich zu Hause isoliert und allein. In den Nachbarhäusern und -wohnungen ist oft tagsüber niemand – alle sind berufstätig. Und wenn jemand daheim ist, dann sind es alte Leute – oder eben Mütter von Kleinkindern.

Also tut man sich ein wenig mit den jungen Müttern zusammen, besucht sich gegenseitig oder geht gemeinsam zu einer Mutter-Kind-Gruppe. Denn – so die Vorstellung mancher Mütter – auch das Kind muss doch Sehnsucht nach Kontakt haben, vor allem wenn es (noch) keine Geschwister hat.

Aber da kann man sich sehr täuschen. Nicht jedes Kind ist begeistert, wenn es sich mit Nachbarskindern treffen oder in einer kleinen Herde von Altersgenossen spielen soll.

Kontaktfähigkeit behutsam üben

Ein Kind, das bis zum Eintritt in den Kindergarten oder gar in die Schule kaum mit anderen Kindern zusammengekommen ist, wird voraussichtlich Kontaktprobleme haben. Doch bedeutet das nicht, dass man das Kind so früh und so häufig wie möglich mit Gleichaltrigen zusammenbringen muss, damit es ein möglichst kommunikativer Mensch wird.

Auch kleine Kinder sind schon unterschiedlich gesellig. Während das eine geradezu mit Begeisterung in der Menge badet, bereitet es dem anderen sichtlich Unbehagen, wenn es zu heiß her geht. Manche wissen nicht, wie sie sich der Zudringlichkeit eines Altersgenossen erwehren sollen, andere haben Freude daran, Gleichaltrigen beim Spielen zuzusehen. Eltern sollten also beobachten, wie groß die Kommunikationsneigung ihres Kindes ist.

Hat man das Gefühl, dass das Kind genug hat vom Miteinander, sollte man den Rückzug nicht allzu lange hinauszögern. Auch unter so kleinen Kindern gibt es eben schon Sympathien und Antipathien. Erwachsene wissen ja, wie grässlich es sein kann, wenn man auf einer Party eine nicht enden wollende Anstandsfrist ausharren muss, weil man mit den Anwesenden nur wenig anfangen kann.

Es kann aber bei Kindern in diesem Alter durchaus schon so etwas wie eine »Liebe auf den ersten Blick« geben. Mein Ältester ist mit 18 Monaten am Spielplatz mit einem Altersgenossen »ins Gespräch gekommen«. Das darauf folgende Wochenende sprach er nur noch von diesem Jungen. Glücklicherweise war der Junge am Montag wieder am Sandkasten ... Die Freundschaft der beiden hat bis heute alle Stürme inklusive Umzüge überdauert!

Zweifellos: Andere Kinder sind interessant

Und zwar in diesem Lebensjahr erstmalig interessanter als die Eltern! Im ersten Lebensjahr bestand noch eine ganz enge Bindung an die Eltern, der Kontakt mit ihnen hat dem Kind vollauf genügt. Andere Kinder waren eher »Anschauungsmaterial«: Sie wurden betastet oder auch etwas unsanft rangenommen.

Mit Beginn des zweiten Lebensjahres vollziehen sich erste Kontaktanbahnungen. Ein Altersgenosse wird angelächelt, und es wird ihm auch schon mal ein Spielzeug hingestreckt. Manchmal werden seine Laute nachgeahmt.

In der Mitte des zweiten Lebensjahres sitzen zwei Spielgefährten immerhin schon längere Zeit beieinander, um zu spielen. Ein echtes Miteinander ist das aber noch nicht. Die Kinder spielen nebeneinander und sind eher mit sich selbst beschäftigt. Mitunter gerät das Ganze auch zu einem Gegeneinander – dies nicht aus Feindseligkeit, sondern vielmehr aus der jetzt noch bestehenden Unfähigkeit, wirklich miteinander zu kommunizieren. Da nimmt ein Kind dem anderen ein Spielzeug weg oder eines bohrt dem anderen die Finger ins Gesicht.

Trotz solcher Vorfälle sollte man ein Kind im zweiten Lebensjahr ruhig immer wieder mit Altersgenossen zusammenbringen.

Die Anwesenheit eines anderen (es sollten nicht zu viele Kinder sein) ist eine Anregung für das Kind. Denn es kann, wenn auch noch nicht bewusst, eine Einschätzung seiner eigenen Fähigkeiten vornehmen. Und hier beginnt ganz zart etwas, das Menschen ein Leben lang ausbauen und verfeinern: eigene Wertmaßstäbe. Ein Kind, das in Kontakt zu einem anderen Kind steht, »vergisst« vorübergehend seine Eltern und deren (unglaublich mächtige!) Wertmaßstäbe.

Auch Zwillinge brauchen »Außenkontakte«

Zwillingsmütter haben es gut: Jedes ihrer beiden Kinder hat seinen Spielkameraden gleich mitgebracht. Das entlastet ungemein, denn Zwillinge können stundenlang miteinander spielen und die manchmal recht lästige Mutterpflicht Spielen hält sich sehr im Rahmen. Die Sehnsucht nach Anregungen durch andere Kinder ist bei Zwillingen verständlicherweise nicht sehr groß. Zwar haben sie durchaus Interesse an diesen fremden Kindern am Spielplatz oder beim Turnen, aber das vertraute Geschwisterkind ist ihnen doch am allerliebsten.

Trotzdem: Auch Zwillingen sollte man immer wieder das Angebot machen, auch mal anderswo zu »schnuppern«. Zwillinge bleiben manchmal in ihrer Kommunikationsfähigkeit zurück, weil sie gleichsam in einem geschlossenen System mit eigener Verständigungsform (siehe Seite 101) leben. Wenn es auch schwer fällt, so sollte man Zwillinge ab und zu mal trennen und mit nur einem Kind einen Ausflug zu Gleichaltrigen machen.

Sicher gebundene Kinder kommunizieren besser
Kinder, die sich der Liebe ihrer Eltern sicher sind, gehen leichter auf andere Kinder zu. Man kann das so erklären: Ein Kind, das nicht sicher gebunden ist, lebt in ständiger Sorge, dass sich seine Eltern abwenden. Also muss es Vater und Mutter im Auge behalten, kann sich nicht so richtig auf das Spiel mit anderen Kindern einlassen. Übrigens wollen selbst sicher gebundene Kinder nicht ständig wechselnde Spielgefährten. Bis zum Ende des zweiten Lebensjahres kommunizieren Kinder am liebsten mit vertrauten Gesichtern.

Ist mein Kind ein Raufbold?

Wenn kleine Kinder zusammen sind, kann es schon mal körperlich zur Sache gehen. Meinungsverschiedenheiten werden handgreiflich ausgetragen – eine andere Möglichkeit der Auseinandersetzung haben so kleine Kinder ja noch nicht. Es wird noch viele Jahre dauern – und das elterliche Vorbild immer wieder herangezogen werden müssen –, bis ein Kind Differenzen friedlich, also durch ein Gespräch lösen kann.

Kleine Kinder können im »Konfliktfall« einander durchaus ziemlich wehtun. Dahinter steckt jedoch nicht Rücksichtslosigkeit oder gar Gewaltbereitschaft, sondern schlicht das altersgerechte Unvermögen, sich in den anderen hineinzuversetzen. Man muss deshalb kleine Kinder möglichst im Auge behalten oder enstprechend gefährliche Gegenstände wie Metallschaufeln, schwere Holzspielwaren u.Ä. aus dem Verkehr ziehen.

Unterliegt ein Kind im Zusammensein mit einem anderen immer wieder, sollte man diesen Kontakt auf ein Minimum reduzieren. Es tut einem Kind nicht gut, wenn es immer wieder untergebuttert wird. Schiedsrichter müssen Eltern jedoch nicht spielen, da es bei Kindern dieses Alters noch keinen Sinn für Gerechtigkeit gibt. Auch wenn es ganz danach aussieht, als sei das

eine Kind vom anderen attackiert worden, sollte man unpartei-
isch bleiben.

Auf keinen Fall sollte man dem eigenen Kind einschärfen, dass
es »nett« oder »lieb« zu seinen Spielkameraden sein soll, nur damit man sich nicht für sein »schlechtes« Benehmen schämen
muss. Das Kind sollte gerade in diesem Alter noch das Gefühl bekommen, dass seine Eltern absolut hinter ihm stehen, egal, was
es tut.

Genieren muss sich auch niemand dafür, dass sein Kind gelegentlich ein kleiner Raffzahn ist. In diesem Alter ist echtes Teilen
noch nicht möglich. Wenn Kinder etwas abgeben, dann eher
um zu sehen, was das andere Kind mit diesem Spielzeug macht.

Noch entscheiden die Eltern über die Kontakte!
Selbst wenn man es als vernünftiger Erwachsener ungern zu-
gibt: Auch kleine Kinder können einem schon unsympathisch
sein. Das ist z. B. meist dann der Fall, wenn das fremde Kind
ein »Haudrauf« ist, während sich das eigene eher sanft und
zurückhaltend gibt. Es kann durchaus sein, dass ein sanft-
mütiges Kind Gefallen an so einem Draufgänger findet, ihn
vielleicht sogar ein Stück weit bewundert – und nachzuahmen
sucht. In diesem Alter ahmen Kinder bekanntlich besonders
gern nach.
Wenn man als Eltern das Gefühl hat, dass ein solches Kind keinen besonders positiven Einfluss auf das eigene hat, sollte
man diese Regung nicht unterdrücken. Ist es das Kind der besten Freundin, ist das natürlich besonders heikel, aber man
kann in diesem Fall beispielsweise einen Frauenabend einführen – also ein Beisammensein ohne die Kinder.

Besonders beliebt: Ältere Spielkameraden

Gerade weil ein Kind im zweiten Lebensjahr so gern nachahmt, was es bei anderen sieht, sind ältere Kinder oft besonders faszinierend. Denn die können Dinge, die ein Ein- bis Zweijähriges noch nicht kann. Außerdem ist es für die Entwicklung der sozialen Einstellungen förderlich, wenn ein Kind nicht nur mit gleichaltrigen, sondern eben auch mit etwas älteren Kindern seine Erfahrungen macht.

Die Kommunikation und das Zusammenleben mit den Eltern oder anderen erwachsenen Bezugspersonen fördern ganz andere soziale Muster als der Umgang mit Kindern. Erwachsene sind nun mal Leitfiguren (auch die, die sich nicht als solche verstehen). Erwachsene reagieren auch ganz anders auf Kinder, denn sie stellen sich auf die kindliche Ebene ein. Ein gleichaltriges Kind muss das nicht, und ein älteres Kind tut es nicht. So lernt das kleine Kind verschiedene Perspektiven kennen. Es verwundert deshalb nicht, dass Kinder mit älteren Geschwistern in ihrer seelisch-geistigen Entwicklung meist etwas weiter sind als Erstgeborene.

Extrakontakte für Einzelkinder?

Einzelkinder sind keineswegs die Einzelgänger und Egoisten von morgen. Dieses Vorurteil dürfte heute aus der Welt geschafft sein. Im zweiten Lebensjahr sind viele Kinder auch deshalb Einzelkinder, weil sie die Ältesten sind und noch kein Geschwisterchen da ist.

Häufig bemühen sich Eltern von Einzelkindern besonders darum, dass ihr Kind beizeiten und häufig Kontakt zu Gleichaltrigen bekommt. Es besteht aber kein Grund dazu. Denn es gilt das bereits Gesagte: Nur wenn ein Kind sehr an Geselligkeit interessiert ist oder es sich schon einen Lieblings-Altersgenossen ausgeguckt hat, ist es wichtig, möglichst oft ein Zusammensein zu arrangieren.

Ankunft eines Geschwisters: Krise!!!

Der Wunsch vieler Eltern, ihrem ersten Kind mit einem zweiten, das möglichst nicht allzu viele Jahre jünger ist, einen Spielkameraden zu bescheren, stößt leider auf wenig Gegenliebe. Gerade im zweiten und dritten Lebensjahr sind Kinder gar nicht amüsiert, wenn da noch jemand auftaucht. Alle Gespräche über das Baby im Bauch, all das Vorlesen von vorbereitenden Büchern scheint sinnlos gewesen zu sein, wenn man dann die Eifersucht des Erstgeborenen erlebt.

Man sollte das verstehen: Kinder im zweiten Lebensjahr machen erste, zaghafte Ablösungsversuche. Wenn gerade dann ein Geschwisterkind kommt, müssen sie annehmen, dass die Eltern diese Ablösungsversuche nun bestrafen bzw. sich Ersatz für das »abtrünnige« erste Kind beschaffen.

Außerdem hat ein Erstgeborenes Privilegien genossen, von denen Zweit- und Drittgeborene keine Ahnung haben und auch niemals haben werden: wie es ist, Kronprinz oder Kronprinzessin zu sein, die alleinige Aufmerksamkeit der Eltern zu haben, der Mittelpunkt ihrer Welt zu sein ... Erstgeborene werden brutal vom Thron gestoßen, wenn ein Geschwisterchen kommt – da kann man nichts schönreden.

Wichtig ist vor allem in den ersten Monaten, das Baby immer mal wieder abzugeben und Exklusivtermine mit dem Erstgeborenen zu machen. Außerdem kann man dem älteren Kind kleine Aufgaben geben, die ihm zeigen, dass es überlegen ist und der Mutter/dem Vater bei der mühsamen Babypflege helfen kann.

Ist das Zweitgeborene erst einmal selbst im zweiten Lebensjahr, ist es allmählich als Spielkamerad zu gebrauchen – und dann beginnen (in aller Regel) wunderbare Jahre für Eltern und Kinder.

Schadet die Berufstätigkeit der Mutter?

Ist es überhaupt noch zeitgemäß, so eine Frage zu stellen? Ja, es ist, und zwar so lange, als es Menschen gibt, die den Frauen, die sich auch als Mütter in ihren Beruf zurücksehnen, ein schlechtes Gewissen machen wollen. Es ist fraglos so, dass ein Kind in einem liebevollen Elternhaus am besten aufgehoben ist. Doch ein Elternhaus ist vor allem dann liebevoll, wenn Vater und Mutter mit ihrem Leben zufrieden sind. Von einer Frau zu verlangen, dass sie für Jahre etwas aufgibt, wofür sie meist hart gearbeitet hat, ist ungerecht. Ungerecht deshalb, weil diese Aufforderung höchst selten an einen Vater gerichtet wird.

Es ist hier nicht der Raum, die ganze Problematik rund um den Geschlechterkampf, die noch immer schlechteren Aufstiegs- und Einkommenschancen für Frauen und die unzureichende Betreuungssituation hierzulande auszubreiten. Hier soll es um das Wohl des Kindes gehen. Fest steht, dass es keine einzige Studie gibt, die einen negativen Einfluss der mütterlichen Berufstätigkeit auf die Entwicklung des Kindes belegen konnte.

Es hat sich aber gezeigt, dass Kinder von berufstätigen Müttern selbstständiger sind als die, deren Mütter zu Hause bleiben. Und noch etwas lässt sich sagen: Eine berufstätige Mutter, die mit ihrer Situation zufrieden ist, tut einem Kind besser – selbst wenn sie weniger Zeit für ihr Kind hat als eine Hausfrau, die zwar rund um die Uhr da sein kann, aber unter der Isolation und der gesellschaftlichen Missachtung leidet. Die niedergedrückte Stimmung überträgt sich mitunter auf das Kind. Letztlich ist es eine ganz persönliche Entscheidung, die eine Frau treffen muss. Die grundlegende Frage muss sein: Mit welcher Lösung bin ich eine glücklichere Mutter – mit Berufstätigkeit oder ohne?

Das noch immer verbreitete Gezanke unter Müttern (»Wer ist die bessere Mutter – die mit Job oder die ohne?«) sollte endlich der Vergangenheit angehören. Leider ist es aber immer noch so, dass jede Verhaltensauffälligkeit eines Kindes rasch der Berufstätigkeit der Mutter angelastet wird. Treten bei einem Kind, dessen Mutter zu Hause ist, Schwierigkeiten auf, dann kann man sich »das nicht erklären« . . .

Die geistig-seelische Entwicklung eines Kindes ist von unzähligen Faktoren abhängig, die wiederum auf viele bereits angelegte Facetten treffen. Da kann man nicht sagen: Das kommt davon!

Behutsame Gewöhnung an Fremdbetreuung
Im zweiten Lebensjahr sind die Bedingungen für den Wiedereinstieg der Mutter in den Beruf günstig, denn die Fremdelphase ist vorüber und die Neugier des Kindes auf andere Menschen wächst. Dennoch sollte man sich viel Zeit für die Gewöhnung an die Tagesmutter oder die Kinderkrippe nehmen. Gerade weil das Kind erste Ablöseschrittchen macht, braucht es den sicheren Halt bei den Eltern.
Gesellige Kinder tun sich naturgemäß leichter, sich bei neuen Bezugspersonen einzugewöhnen. Doch lässt sich die Reaktion auf die fremde Umgebung nicht hundertprozentig vorhersagen.

Last, but not least: Nur kein Erwartungsdruck!

Im November 2001 erschien in der Zeitschrift ›Kinder- und Jugendarzt‹ ein Interview mit dem bekannten Entwicklungsforscher Prof. Dr. Remo Largo, in dem der Leiter der Abteilung Wachstum und Entwicklung am Züricher Universitäts-Kinderspital einen Appell an die Öffentlichkeit richtete, den immensen Erwartungsdruck, dem Kinder heute ausgesetzt sind, zu mildern. Die Tatsache, dass rund ein Viertel aller Kinder der Bundesrepublik im Vorschulalter bereits eine Therapie bekommen, zeigt nach Ansicht Prof. Largos, dass die Gesellschaft nicht mehr in der Lage ist, Abweichungen von der Norm zu tolerieren. Kinder, die nicht so schnell lernen wie andere oder die we-

niger geschickt sind als das Gros, werden gleich als krankhaft abgestempelt.

Dazu Prof. Largo: »Ich denke, man kann den Druck nur vermeiden, wenn man davon ausgeht, dass jedes Kind seine eigene Entwicklung hat. Man muss sich auf jedes einzelne Kind einstellen, sich fragen, wo sind seine Stärken und Schwächen, und das Kind dementsprechend behandeln. Man darf nicht nur von Normvorstellungen ausgehen, was ein Kind in diesem Alter alles für Fähigkeiten haben sollte.«

Und das gilt auch und ganz besonders für den Bereich der psychischen Entwicklung.

FÖRDERUNG

Babys haben einen kaum zu bremsenden Forscherdrang, Kinder im zweiten Lebensjahr erst recht. Denn Kinder im zweiten Lebensjahr haben nun schon sehr viel mehr Möglichkeiten, ihre Umwelt zu erkunden. »Was wir sehen, ist der großartigste Geist, der je existiert hat, der gewaltigste Lernapparat des ganzen Universums«, schreiben die amerikanischen Entwicklungspsychologen Alison Gopnick, Patricia Kuhl und Andrew Meltzoff enthusiastisch in ihrem inzwischen mit Recht wohl zum Kultbuch avancierten Werk ›Forschergeist in Windeln‹.

Kleine Kinder erforschen in einer (im späteren Alter wohl nie mehr wiederkehrenden) Unbekümmertheit die Welt und durchlaufen dabei einen ganz individuellen Erkenntnisprozess.

Fördern heißt, den Forschergeist unterstützen

Auch wenn oder gerade weil das Sprachvermögen in diesem Alter noch nicht reicht, um sich über all das mitzuteilen, was sie beobachten, beurteilen Kinder – mit dem Beistand ihrer Eltern – die Welt. Sie machen sich ein eigenes Bild. Dieses Urbild von der Welt prägt einen Menschen in wesentlichem Maß für den Rest seines Lebens.

Kinder erforschen ihre Welt in diesem Alter unter zwei Aspekten: Der eine ist der Drang, die Dinge anzufassen, zu bewegen, ihre Beschaffenheit zu verstehen; der andere ist die Neugier darauf, wie die Eltern wohl reagieren. Denn auch das Verhalten der Eltern gibt eine Antwort auf die Frage: »Wie funktioniert die Welt?« Dem Kind wird dadurch nämlich ganz allmählich deutlich: Es gibt unterschiedliche Wünsche und Vorstellungen. Diese Erkenntnis wird ein Kind am Ende des zweiten Lebensjahres zumindest ansatzweise zu einem Einfühlungsvermögen befähigen (mehr dazu im Kapitel »Psychische Entwicklung«, Seite 78).

Warum das »Nochmal« wichtig ist

Damit ein Kind die Welt verstehen kann, möchte es bestimmte Abläufe immer wieder erleben. Mit meinem damals zweijährigen Sohn Niko »musste« ich möglichst täglich zum nahe gelegenenen beschrankten Bahnübergang gehen: Das Öffnen und Schließen der Schranken, das stets von einem warnenden Glockenton angekündigt wurde, war für ihn unglaublich faszinierend. Er konnte sich daran nicht sattsehen und -hören. Heute – er ist mittlerweile 18 – erinnert er sich nicht mehr daran. Aber ich kann mir ziemlich sicher sein, dass dieses Schauspiel trotzdem als kleines Entwicklungsmodul in seinem Kopf gespeichert ist.

Solche Wiederholungen brauchen Kinder besonders im zweiten Lebensjahr, aber auch später noch. Sie wollen erleben, dass ihre Erwartungen erfüllt werden. Sie wollen die Erfahrung machen, dass ein bestimmter Ablauf sich immer wieder auf die gleiche Weise vollzieht. Das gibt ihnen Sicherheit und stärkt ihr Vertrauen in die Welt. Kinder brauchen diesen Glauben, dass die Welt nach bestimmten Mustern funktioniert. Erst später sind sie gefestigt genug, um akzeptieren zu können, dass vieles im Leben chaotisch läuft und einfach nicht in den Griff zu kriegen ist.

Aber jetzt, im zweiten Lebensjahr, wollen Kinder Vorgängen zusehen, sie wollen Geschichten immer wieder hören, sie wollen selbst Abläufe (beispielsweise mit einem Formensortierkasten) immer wieder bewerkstelligen. Solche Wiederholungen sollten Eltern mit ihren Kindern »zelebrieren«, auch wenn sich Mütter und Väter weder für beschrankte Bahnübergänge noch für Wasserhähne oder den 267. Durchgang des Klötzchen-durch-passendes-Loch-Steckspiels interessieren.

Geduld, Geduld, Geduld

Indem Eltern versuchen, die Welt wieder mit den Augen eines, ihres Kindes zu sehen, wird es ihnen leichter fallen, Geduld zu haben. Denn Geduld ist eines der obersten Gebote, wenn man Kinder fördern möchte. Da Kinder im zweiten Lebensjahr noch keinen Zeitbegriff haben, also nicht im geringsten verstehen, was »sich beeilen« heißt, macht man ihnen mit Ungeduld unverständlichen Druck und entmutigt sie eventuell sogar.

Erwachsene haben eine feste Vorstellung davon, wie es in der Welt zugeht, wie ein Lichtschalter zu betätigen ist, wie man Auto fährt oder den Staubsauger bedient. Diese inneren Bilder haben Kinder ja noch nicht. Für sie ist alles neu und rein gar nichts selbstverständlich. Warum dampft es aus dem Topf, wenn das Wasser kocht? Warum wackelt das Geländer, wenn man sich dagegenwirft? Warum hört der Staubsauger auf zu brummen, wenn man den Stecker rauszieht? Auch wenn Kinder im zweiten Lebensjahr noch nicht »warum« fragen, so ist doch ihr Forscherdrang von genau dieser Grundsatzfrage beseelt.

Kleine Forscher leben gefährlich

Da Kinder im zweiten Lebensjahr noch nicht fragen können, wie die Welt funktioniert, sind sie gewissermaßen gezwungen, alles selbst auszuprobieren. Das macht ihr Leben ziemlich gefährlich. Das zweite Lebensjahr gehört – rein statistisch betrachtet – zu den gefährlichsten Zeiten im ganzen Leben. Eltern haben daher die Aufgabe, die Umgebung ihres Sprößlings so zu gestalten, dass er oder sie möglichst gefahrlos forschen kann.

Die Vorstellung, das Kind könne doch einfach die Erfahrungen der Eltern übernehmen, gibt es noch immer. Doch das ist natürlich unrealistisch. Zum Leidwesen aller Eltern muss ein Kind auch die frustrierenden oder gar schmerzlichen Erfahrungen selbst machen. Doch das stecken kleine Forscher meist mühelos weg.

Denn Kinder fühlen sich keineswegs als kleine Kamikaze-»Flieger«. Sie werfen sich voller Vertrauen, dass ihre Eltern stets wie Schutzengel hinter ihnen herschweben, in ihre Abenteuer. Mütter und Väter, die sich dieser Aufgabe vielleicht (noch) nicht bewusst sind, gehen manchmal einfach davon aus, dass ein Kind die Gefahr doch spüren müsste. Die Gefahr, wie sie etwa von einem Swimmingpool ausgeht oder von der niedrigen Brüstung einer Dachterrasse. Doch die wenigsten Kinder haben schon im zweiten Lebensjahr Angst vor großen Höhen oder vor tiefem Wasser – sie wissen ja nicht, dass sie weder fliegen noch schwimmen können!

Elterliche Erfindungsgabe gefragt

Eltern tun gut daran, jetzt ihren Erfindergeist wieder zu mobilisieren, sollte dieser durch den grauen Erwachsenenalltag etwas in Vergessenheit geraten sein. Erfinderisch zu sein ist jetzt notwendig, und zwar nicht nur um ihr Kind vor möglichen Gefahren zu schützen, sondern auch, um ihm das Gefühl zu geben, dass sein Wissensdurst und sein Forscherdrang etwas Positives sind. Spielt ein Kind beispielsweise an der Stehlampe, indem es den Schalter immer wieder an- und ausknipst, kann man sich überlegen, ob man nicht im Keller oder auf dem Speicher eine alte Lampe hat (natürlich nicht eine, die beispielsweise wegen eines defekten Kabels ausgemustert worden ist), die man dem Kind als Experimentier-Objekt anbieten kann. Dieses Angebot sollte man zu einem günstigen Zeitpunkt machen: Der kleine Forscher sollte nicht allzu müde sein (dann sind Kinder bekanntlich überhaupt nicht mehr kompromissfähig) und es sollte nicht schon einen Machtkampf um die »gute« Lampe gegeben haben, denn dann ist die Sache nicht mehr nur aus rein wissenschaftlichen Gründen interessant, sondern zusätzlich aus emotionaler »Wissbegierde«.

Diese emotionale »Wissbegierde« drängt ein Kind z. B. dazu auszuprobieren, wie Mutter oder Vater reagieren, wenn es die Lampe trotz Ermahnungen zum 43. Mal an- und ausknipst.

Fördern nicht mit Verwöhnen verwechseln

Eltern lieben ihre Kinder über alles, klar. In den letzten 25 Jahren hat diese Elternliebe jedoch vielfach eine Ausdrucksform angenommen, die Kindern nicht bekommt: totale Verwöhnung. Kinder haben Berge von Spielzeug, Mütter und Väter stellen ihr eigenes Leben hintan, denn das Kind ist schließlich König und soll sich entfalten dürfen. Fängt es an zu quengeln, weil Mutter telefoniert, beendet diese das Gespräch, um die Bedürfnisse des Kindes zu erfüllen.

Im ersten Lebensjahr, in dem ein Baby noch vollkommen hilflos und darauf angewiesen ist, dass sein Weinen – seine einzige Möglichkeit, sich bemerkbar zu machen – gehört wird, ist dieses schnelle Herbeieilen noch gerechtfertigt, ja notwendig. Doch im zweiten Lebensjahr sollten Eltern ihr Kind langsam daran gewöhnen, dass wir Menschen nicht im Schlaraffenland leben. Wenn ein Kind in dem Glauben aufwächst, dass ständig alles verfügbar ist, wird es kein zufriedener Mensch, sondern ein nimmersatter. Das führt nicht nur zu Enttäuschungen im weiteren Leben, sondern möglicherweise sogar zu einer Unfähigkeit, den Alltag mit all seinen Widrigkeiten in den Griff zu bekommen.

Lernchancen erkennen und nutzen

Wie bereits im Kaptiel »Motorische Entwicklung« (Seite 57ff.) angesprochen, stehen so genannte Gehirnfenster immer nur eine geraume Zeit offen. In diesen Phasen ist ein Mensch in optimaler Weise aufnahmebereit, um all das zu lernen, was seine Fertigkeiten fördert. Bekommt man in der fraglichen Phase zu wenig oder gar keine Stimulationen, verstreicht die Lernchance ungenutzt und kehrt nie wieder. Alles, was ein Mensch später zu erlernen versucht, ist irgendwie »angestrickt«, wird also niemals die reibungslose Funktion haben wie bei den Kindern, die zum richtigen Zeitpunkt das richtige »Programm« angeboten bekommen haben.

Ein besonders eindrucksvolles Beispiel für diese »Gehirnfenster« zeigt sich in der Sprachentwicklung. Kinder, mit denen in den ersten beiden Lebensjahren zu wenig gesprochen wird, haben im weiteren Leben enorme Sprachschwierigkeiten, die oft selbst durch intensive Therapien nicht behoben werden können. Hier wird deutlich: Was nicht in dem vom Gehirn dafür vorgesehenen Zeitraum gelernt werden kann, kann nie mehr richtig nachgeholt werden.

»Selber« ist jetzt das Schönste

Im zweiten Lebensjahr wird der Drang nach Selbstständigkeit stärker. Eltern haben nun die schwierige Aufgabe, ihr Kind einerseits nicht zu überfordern, indem sie ihm Entscheidungen überlassen (siehe auch Seite 77), es andererseits aber auch mal »wursteln« lassen. Selbst wenn man manchmal fast nicht hinschauen kann, wie sich ein Kind abmüht, sollte man sich sagen: Kinder, die sich öfter mal »durchgebissen« haben, werden später zu selbstbewussten, gelassenen Menschen. Und dies ist doch das Ziel aller Eltern.

Durchschlafen hat mit Selbstständigkeit zu tun
Professor Remo Largo von der Universitätskinderklinik Zürich hat herausgefunden, dass ein Kind umso später durchschläft, je unselbstständiger es ist. Offenbar brauchen Kinder, die es nicht gewohnt sind, allein zu spielen, auch nachts mehr Beistand und schlafen nicht von allein wieder ein, wenn sie mal wach geworden sind.

Den Weg frei machen ...

Im zweiten Lebensjahr können Kinder laufen – das ist ein Riesen-Entwicklungsschritt. Eltern staunen oft, wie ihre Kinder losstürmen, ohne sich umzudrehen. Sie laufen und laufen, als gingen sie tatsächlich davon aus, dass ein Schutzengel hinter ihnen herschwebt. Gleichzeitig aber brauchen sie noch immer die ganze Sicherheit und Geborgenheit ihrer Eltern. Je mehr davon ihnen diese geben können, desto selbstbewusster werden Kinder und desto mehr Fortschritte verzeichnen sie.

So können Eltern ihren Kindern in den ersten drei Lebensjahren den Weg in die Unabhängigkeit erleichtern:

Wenn ein Kind gerne laufen (und eben nicht im Buggy sitzen) möchte, sollte man es laufen lassen. Die begleitende und haltende Hand ist natürlich wichtig. So gilt es beispielsweise vor Arztterminen immer genügend Spielraum einzuplanen. Es nimmt nun mal wesentlich mehr Zeit in Anspruch, wenn ein Kleinkind neben seinem Buggy herläuft, als wenn Mutter oder Vater es rasch zum Zielort »karren«. Das Kind strebt nun – so schmerzlich das klingt – zum ersten Mal nach Trennung von den Eltern. Natürlich ist das nur eine kleine Trennung, sozusagen auf Probe, denn keinesfalls möchte das Kind wirklich weg von seinen wichtigsten Bezugspersonen. Aber damit ein Mensch sein »Ich« erfahren kann, muss beides gegeben sein: die Beziehung zu anderen und das Allein-sein-Können. Im Alter von zwei Jahren vollzieht ein Kind erste Ansätze dazu.

Forschen innerhalb sicherer Grenzen

Wir alle klagen über den Werteverlust in unserer Gesellschaft. Der ist nicht nur, aber auch Folge elterlicher Bequemlichkeit. Kinder, die einfach alles dürfen und die zu selten erfahren, dass sich jemand die Mühe macht, sich kontrovers mit ihnen auseinander zu setzen, können keine Werte entwickeln und achten.

Grenzen zu setzen und Regeln aufzustellen ist anstrengend,

das ist gar keine Frage. Aber es ist elterliche Pflicht, und die bekommt jetzt, im Forscheralter, erstmals Gewicht. Zwischen ein und drei Jahren geht es noch hauptsächlich um Regeln, die das Kind vor Schaden bewahren. Da kann es einfach keine langen Diskussionen oder gelegentliche Zugeständnisse geben. An einer Straße beispielsweise muss das Kind an der Hand gehen – ob ihm das passt oder nicht.

Auch für Forscher gibt es Grenzen. So wird es niemand gern dulden, dass ein Kind ständig den Fernseher an- und ausschaltet, nur weil man mit diesem tollen Knopf so einen aufregenden Effekt erzielen kann. Man wird auch nicht zulassen, dass ein Kind Besteck-Schubladen aufzieht, um darin zu kramen. Viel besser ist es, alles, was in die altbekannte Rubrik »Messer, Gabel, Schere, Licht sind für kleine Kinder nicht!« fällt, aus dem Weg zu räumen. Ein Kind in diesem Alter versteht ja nicht, dass man es vor allem vor Schaden bewahren will. (Manchmal will man seine Einrichtung oder lieb gewonnene Gegenstände wie Bücher vor Schäden bewahren – aber auch das ist legitim.)

Eltern müssen ganz bewusst Proberäume für ihr Kind schaffen. Alles, womit ein Kind nicht experimentieren soll (z.B. CD-Player, Putzmittel, Bildbände) muss verräumt bzw. unerreichbar sein. Es ist für alle Beteiligten nervig, wenn man im Zusammenleben mit einem Kleinkind durch ständiges Neinsagen versucht, den Forscherdrang von ungeeigneten Dingen wegzulenken. Ein Kind bekommt dann im Extremfall das Gefühl, grundsätzlich unerwünscht zu sein, weil es immer nur »nein« hört. Es wird sich nichts mehr zutrauen, denn noch lebt es ja vom Vertrauen, dass seine Eltern wissen, was »richtig« und was »falsch« ist.

Hilfe zur Selbsthilfe

Helft den Kindern, es selbst zu tun, war das Motto der italienischen Pädagogin Maria Montessori. Diese Hilfe zur Selbsthilfe ist ein ganz elementarer Teil der Erziehung und muss bereits im Kleinkindalter einsetzen. Maria Montessori hat bereits erkannt, dass durch die Aktivierung der Sinne die geistigen Fähigkeiten von Kindern gefördert werden können.

Von diesen Erkenntnissen ausgehend, entwickelte sie Leitsätze für ein neues Verständnis vom Lernen, die bei allen Kindern anwendbar sind und die auch heute noch von vielen Fachleuten in deren Konzept eingewoben sind.

Aufsehen erregte damals Montessoris Beobachtung, dass schon dreijährige Kinder zu einer außergewöhnlich anhaltenden Konzentration fähig sind, wenn sie die Möglichkeit haben, sich in freier Wahl mit einem ihrem jeweiligen Entwicklungsstand entsprechenden Gegenstand mit allen Sinnen auseinander zu setzen. Eltern sind dabei nicht Vermittler von Lernstoff, sondern Begleiter des Kindes auf seinem Weg zu mehr Wissen.

Jedem sein Tempo!

Ein Kind zu fördern heißt auch immer – und dies wurde bereits im Band ›Das erste Lebensjahr‹ immer wieder angesprochen – sein individuelles Tempo zu berücksichtigen. Das fällt heute vielen Eltern schwer. Wir sind fast alle zwangsläufig ein bisschen zu »overprotecting mothers« (Väter sind aus verschiedenen Gründen weniger betroffen) geworden – zumindest im Vergleich zur Generation unserer eigenen Mütter. Viele junge Frauen heute nehmen sich viel Zeit für ihre Kinder, gehen mit ihnen in Spielgruppen und lesen Zeitschriften oder Bücher, in denen etwas zur Entwicklung von Kindern steht. Das ist gut so, aber es hat auch eine Schattenseite. Da ist ein Wettbewerb unter Müttern entbrannt, in dem es darum geht, was ihr Kind schon kann. Mitunter wird aus Sorge, das eigene Kind könnte »hinterher« sein, mehr oder weniger subtiler Druck ausgeübt.

Druck auf ein Kind auszuüben kann fatale Folgen haben. »Mein Kind ist schon sauber!« Die Mutter eines Einjährigen, die das erzählt, hat höchstwahrscheinlich etwas falsch gemacht mit ihrem Kind. Normalerweise kann ein Kind nämlich erst um den zweiten Geburtstag herum seinen Schließmuskel kontrollieren. Erst dann hat es überhaupt einen Sinn, mit dem Windel-weg-Training zu beginnen. Wenn ein Kind danach verlangt, keine Windel zu tragen, sollte man es auch einmal riskieren, aber nicht gleich den großen Durchbruch erwarten. Und vor allem nicht schimpfen oder Enttäuschung zeigen, wenn doch etwas in die Hose geht.

»Mein Kind schläft durch!« Manche Mütter vermelden das schon, wenn ihr Kind erst acht Wochen alt ist. Das ist schön für die betroffenen Eltern, doch meist ist ihr Jubel verfrüht. In aller Regel kommen immer wieder Phasen, in denen ein Kind nicht durchschläft. Denn normalerweise braucht ein Kind seine ersten drei Lebensjahre, um schlafen zu lernen.

Es gibt aber auch Eltern, die ihrem Kind zu wenig abverlangen, die es zu oft schonen, aus Angst, es zu überfordern. Manche Kinder brauchen einen kleinen Schubs, um etwas auszuprobieren, beispielsweise einmal selbst den Löffel in die Hand zu nehmen oder die Schuhe selbst anzuziehen. Schonung ist, ebenso wie Druck, kein günstiges Förderklima.

Anleitung zum Allein-Spielen

Die meisten Kinder haben bereits im ersten Lebensjahr immer mal eine Zeit lang allein gespielt. Sie waren dabei so versunken, dass sie ihr Alleinsein (d. h. dass niemand im selben Raum war) gar nicht wahrgenommen haben. Im zweiten Lebensjahr sollte ein Kind nun schon hin und wieder etwa eine halbe Stunde allein spielen. Wenn es das bislang nicht geschafft hat, sollte man das jetzt trainieren. Man spielt ein wenig mit dem Kind, bleibt dann noch eine Weile bei ihm sitzen, greift aber nicht mehr in das Spiel ein und entfernt sich nach weiteren Minuten etwas. Erst nur ein paar Meter, vielleicht um eine Zeitschrift, die man auf dem Fußboden neben sich liegen hat, zu betrachten. Mit der Zeit dehnt man diese Entfernung immer weiter aus. Zunächst bleibt man in Sichtweite, bis man es dann irgendwann schafft, aus dem Zimmer zu gehen. Selbst wenn das Kind zunächst protestiert, sollte man nicht gleich klein beigeben, sondern nur zwei, drei Schritte zurückkommen, Blickkontakt zum Kind aufnehmen, ein wenig zu ihm sprechen, um dann einen weiteren Weggeh-Versuch zu starten. Ein Kind lernt sonst nicht, dass es auch mit sich allein etwas anfangen kann.

Perfektionismus ist nicht gefragt

Eltern haben die Aufgabe, für ihr Kind eine liebevolle und fördernde Umgebung zu schaffen. Dazu gehört auch, dass das Kind Gelegenheit bekommt, ein positives Selbstbild zu entwickeln. Jedes Kind kommt mit individuellen Anlagen zur Welt und trifft da wiederum auf Eltern, von denen jeder sein ureigenes »Strickmuster« hat. Unumstritten ist, dass ein Kind nur dann ein gesundes Selbstvertrauen entwickeln kann, wenn folgende Grundlagen gegeben sind:
- bedingungsloses Angenommensein,
- eine Beziehung der Eltern zu ihrem Kind, die voller Anteilnahme (im positivsten Sinne des Wortes) ist,
- eine Beziehung der Eltern zu ihrem Kind, in der sich Besorgnis, Sympathie und Respekt vor der Persönlichkeit des Kindes die Waage halten,
- eine Beziehung der Eltern zu ihrem Kind, in der das Kind dazu ermutigt wird, seinen Weg zu gehen, in dem ihm aber auch Halt geboten wird innerhalb klar erklärter Grenzen.

Eltern sind nun einmal die wichtigsten Lehrer ihres Kindes – mehr als sie ahnen und manchen vielleicht lieb ist. Denn Eltern vermitteln ja nicht nur das, was sie bei ihrem Kind fördern wollen – sie vermitteln ihm auch das, was sie an sich selbst vielleicht gar nicht mögen und was sie an sich vielleicht gar nicht wahrnehmen.

Auch ein schlechtes Beispiel hat seine Wirkung

Ein Kind zu fördern bedeutet eben nicht nur, ihm seinen Talenten und Neigungen entsprechende Lernmöglichkeiten zu bieten, sondern sich als Eltern auch seiner eigenen Schwächen bewusst zu sein und mit diesen möglichst sinnvoll umzugehen. Ein einfaches Beispiel: Eine Mutter, die superordentlich ist, möchte ihrem Kind natürlich auch beizeiten einen Sinn für Ordnung beibringen. Ordnung gilt zwar grundsätzlich als Tugend, kann aber im Übermaß auch zum Tick und zur Tyrannei werden, vor allem für die Umgebung. Deshalb sollte die betroffene Mutter sich bewusst machen, dass sie für ihre innere Ruhe viel äußere Ordnung braucht, dass aber Ordentlichkeit nicht der einzige Schlüssel zum Glücklichsein ist. Gut organisiert zu sein ist zweifelsohne von großem Vorteil, unter jeder kleinen Unordnung zu leiden bedeutet aber einen großen Nachteil.

Die Latte nicht zu hoch legen

Generell ist Perfektionismus in Erziehung und Elternschaft fehl am Platz. Einerseits muss klar sein, welche Ziele man als Eltern verfolgen möchte, andererseits ist es entwicklungsfeindlich, zu starr an seinen Vorgaben festzuhalten. Ein Kind spürt sehr genau, wenn es den Vorstellungen seiner Eltern kaum gerecht werden kann. Das spürt ein Kind sogar dann, wenn sich die Eltern sehr viel Mühe geben, »großzügig« zu wirken. Kinder werden mutlos, gehemmt und unglücklich – sie können dann nicht richtig wachsen und gedeihen.

Ein Beispiel, das auf den ersten Blick »unbedeutend« wirkt: Nehmen wir an, ein Kind wendet sich beim Spiel mit seinem Formensortiereimerchen am liebsten seinen zylinderförmigen

Figuren zu, weil die am leichtesten durch die geometrischen Öffnungen passen. Die anderen Formen lässt es meist liegen. Das ist nicht perfekt, aber es genügt trotzdem, das Kind hin und wieder aufzufordern, doch auch einmal ein rechteckiges Gebilde in den Eimer zu stecken. Keine Hilfe ist es, dem Kind die Hand zu führen, erst recht nicht, wenn es sich dagegen sträubt.

Im Rahmen einer Förderung muss auch immer Gespür für die Persönlichkeit des Kindes vorhanden sein. Es gibt eben auch schon bei so kleinen Menschen unterschiedliche Interessen und Neigungen. Fördern kann man nur, was als zartes Pflänzchen vorhanden ist. Es lässt sich nichts »herausfördern« oder »herausfordern«, was keinen fruchtbaren Boden hat.

Mehr Augenmerk auf die Fortschritte!

In einer Zeit, in der Leistung und Erfolg mit Lebensglück gleichgestellt werden, ist es für Eltern schwer, nicht immer wieder auf die Schwächen ihres Kindes zu schielen. Aber Eltern können sich auch selbst fördern, indem sie eine positive Sichtweise trainieren und ihr Augenmerk auf die Entwicklungsfortschritte ihres Kindes lenken. Ein Kind, das die Freude seiner Eltern über sein Dasein und seine Fähigkeiten spürt, wird »automatisch« gefördert. Denn das größte Interesse von Kindern – auch schon im zweiten Lebensjahr – ist, ihren Eltern zu gefallen.

Manchmal muss man auch streng sein

Was hart klingt, meint lediglich: Zu große Nachgiebigkeit torpediert jeden Fördergedanken. Fördern ist eine Gratwanderung zwischen dem Ziel, einem Kind etwas abzuverlangen, und dem Anspruch, das Kind nicht zu überfordern und damit zu entmutigen. Kinder, die kaum gefordert und gefördert wurden, kommen im späteren Leben oft nur schwer zurecht. Man spricht hier von erlernter Hilflosigkeit, denn schließlich bedeutet Verwöhnen auch, das Kind nicht zu eigenem Handeln (mit allen Konsequenzen) anzuspornen.

Je kleiner ein Kind ist, umso weniger kann man ihm abverlangen – das ist klar. Doch im zweiten Lebensjahr gibt es bereits Bereiche, in denen bestimmte Aufgabenstellungen möglich und erfüllbar sind. Zum Beispiel beim Essen: Ein Kind kann jetzt mit dem Löffel essen, wenn auch noch längst nicht geübt. Wenn man nicht möchte, dass das Kind mit dem Essen herummatscht, sollte man ihm immer wieder vorführen, wie sich Essen mit dem Löffel zum Mund transportieren lässt.

Man kann ein Kind im zweiten Lebensjahr beispielsweise auch schon bitten, nach dem Hereinkommen von draußen seine Schuhe auszuziehen und wegzuräumen. Selbst wenn solche ersten Übungen zunächst noch von wenig Erfolg gekrönt sind, sollte man es geduldig immer wieder versuchen.

Fördern heißt auch: Vorbild sein

Ein Kind lernt mehr durch Nachahmen als durch Vorsagen. Deshalb ist es so wichtig, dass Eltern ein Beispiel geben. Und dies in vielerlei Hinsicht, nicht nur in Tugenden wie Sauberkeit, Gesundheitsbewusstsein, Freundlichkeit, sondern in ganz alltäglichen Handlungen. Vieles davon schaut sich ein Kind im Spiel ab. Eltern sollten deshalb ganz bei der Sache sein, wenn sie mit ihrem Kind spielen. Im zweiten Lebensjahr ist das deshalb so wichtig, weil Eltern in dieser Zeit als »Ideengeber« besonders gefragt sind. Sie können dem Kind zeigen, was man alles mit Bauklötzen, Stofftieren oder mit einem Kinder-Werkzeugkasten machen kann. Kinder greifen diese Ideen auf, ahmen sie nach – und entwickeln sie weiter. Auf diese Weise wird ihre Kreativität angeregt und das Gefühl bestärkt, dass man auch beim Allein-Spielen jede Menge bewegen kann.

»Wie oft muss ich denn noch sagen ...«

Auch das gehört zur Förderung. Den »fusseligen« oder »fransi-gen« Mund haben wohl alle Eltern von Kindern ab dem zweiten Lebensjahr gemeinsam. Kinder brauchen ständige Wiederho-lungen dessen, was man von ihnen erwartet. Man könnte mei-nen, bei ihnen geht wirklich alles zum einen Ohr rein, zum anderen wieder raus – oder sogar überhaupt gar nicht erst rein. Aber so ist das nicht. Eltern dürfen sich nicht entmutigen lassen, wenn sie immer wieder die Erfahrung machen müssen, dass das Gesagte oder Vorgemachte offenbar rein gar nichts bewirkt hat. Es dauert oft Monate (je nach Anforderung manchmal sogar Jahre), bis ein kleines Kind verstehen kann, was es gehört oder gesehen hat.

Konzentrations- und Merkfähigkeit wachsen ganz langsam

Ein Kind zu fördern bedeutet auch, immer wieder zu erspüren, welche seiner Fähigkeiten wie weit ausgebildet sind. Die Kon-zentrations- und Merkfähigkeit ist bei Kindern im zweiten Lebensjahr noch relativ gering. Zwar können sich Kinder in die-sem Alter schon mit großer Hingabe und Selbstvergessenheit ihrem Spiel widmen, das heißt aber nicht, dass sie dieselbe Kon-zentration aufbringen, wenn Eltern sie verlangen. Wichtig ist jetzt, dass man ein Kind möglichst nicht in seinem Spiel stört, denn diese Konzentration ist eine Vorübung für späteres kon-zentriertes Arbeiten.

Was die Merkfähigkeit angeht, so darf man nicht erwarten, dass sich ein Kind im zweiten Lebensjahr beispielsweise schon an Verhaltensregeln hält, wie etwa die Hand bei der Begrüßung zu reichen oder »Danke« zu sagen (wenn es dieses Wort über-haupt schon sprechen kann), wenn es etwas geschenkt be-kommt.

Bis etwa zum sechsten Lebensjahr darf man nicht davon ausgehen, dass sich ein Kind zuverlässig bestimmte Dinge, die ihm gesagt werden, merken kann. Es merkt sich im Laufe der Jahre vieles, das ist nicht das Problem, doch nicht immer ist es das Gewünschte. Manche Kinder können mit vier Jahren schon ihren Vornamen schreiben, dafür behalten sie beispielsweise den Titel ihres Lieblingsmärchens nicht, jedenfalls nicht in korrekter Form.

Merk- und Konzentrationsfähigkeit lassen sich in bestimmten Grenzen fördern, indem man dem Kind echte Aufmerksamkeit schenkt. Diese Form von Aufmerksamkeit ist für viele Eltern gar nicht so einfach aufzubringen, denn man muss dafür wirklich die eigenen Interessen, Gedanken und Sorgen mal ganz wegschieben und sich vollkommen auf das Kind konzentrieren und einlassen. Das bedeutet, dass man die eigene Tätigkeit unterbricht, dem Kind in die Augen sieht, gefühlsmäßig ganz bei ihm ist und ihm zuhört. Nur dann fühlt es sich wirklich beachtet und wahrgenommen. Dieses Wahrgenommen-Werden ist eine äußerst wichtige Angelegenheit nicht nur zwischen Eltern und Kind, sondern zwischen Menschen überhaupt. Das Gefühl, nicht richtig wahrgenommen zu werden, hat wohl jeder in seinem Leben schon mal erfahren – und das ist kränkend. Wenn ein Kind, das seine Situation ja nicht analysieren kann, von den wichtigsten Menschen in seinem Leben, den Eltern, immer wieder nicht richtig wahrgenommen wird, muss es das Gefühl entwickeln, dieser Aufmerksamkeit nicht wert zu sein. Da hat das Selbstwertgefühl dann später einmal einen schweren Stand.

Kann man Intelligenz vermehren?

Der IQ ist nach heutigem Wissensstand etwas, was ein Kind mit auf die Welt bringt und was nur in engen Grenzen veränderbar ist. Intelligenz ist jedoch eine relativer Begriff. Es gibt viele Menschen mit einem überdurchschnittlich hohen IQ, die in ihrem Leben sehr unglücklich und einsam sind. Und es gibt Menschen mit einem eher bescheidenen IQ, denen fast alles im Leben zu gelingen scheint.

Das zeigt: Es kommt – was Lebensglück und Zufriedenheit betrifft – nicht so sehr auf den IQ an, sondern auf den EQ. Der ist variabel, denn er wird erworben. EQ ist die Abkürzung für »Emotionaler Quotient« und bezeichnet die so genannten Soft Skills. Doch was versteht man unter Soft Skills? Damit sind alle jene Eigenschaften und Kompetenzen gemeint, die über die fachliche Qualifikation für eine berufliche Laufbahn hinausgehen. Nicht mehr nur im angelsächsischen Raum spricht man von Soft Skills. Auch hierzulande meint man damit einen ganzen Katalog von emotionalen und sozialen Fähigkeiten, darunter beispielsweise Menschenkenntnis, Einfühlungsvermögen, Kommunikations- und Kritikfähigkeit, Durchsetzungsvermögen, Teamgeist und vieles mehr.

Es ist nachgewiesen, dass Kinder mit einem hohen EQ im Leben erfolgreicher sind als andere (mehr zum EQ im Kapitel »Psychische Entwicklung«, Seite 96).

Wie schenkt man einem Kind positive Gedanken?

Im zweiten Lebensjahr zeigen sich bei den meisten Kindern erstmals Wesenszüge wie Großzügigkeit und Freundlichkeit. Bei den einen mehr, bei den anderen weniger. Das gilt es nicht zu bewerten – das sollte man einfach so akzeptieren. Man kann aber etwas tun, um einem Kind von Anfang an eine positive Grundhaltung zu anderen Menschen und zum Leben zu vermitteln. Eltern, die zu Schwarzmalerei und Pessimismus tendieren, geben diese Einstellung in aller Regel an ihr Kind weiter – ob sie wollen oder nicht.

Wer eher zum Pessimismus neigt, sollte wenigstens seinem Kind zuliebe an sich arbeiten. Damit ist nicht gemeint, dass sich alle Pessimisten, die als Eltern taugen wollen, in Optimisten umwandeln müssen, aber es ist wesentlich, dass man sich seiner pessimistischen Grundhaltung bewusst ist und diese nicht ungefiltert seinem Kind präsentiert. Oft braucht man gute Freunde, die einen auf eine negative Haltung aufmerksam machen. Wer pessimistisch ist, hält sich meist für besonders realistisch. Um die eigene Lebenseinstellung klarer zu sehen, sind Gespräche mit Freunden oft hilfreich und relativieren die eigenen Gedanken.

Lässt sich Hilfsbereitschaft jetzt schon fördern?

Eltern, die gern helfen – ihrem Kind, ihren Freunden, ihren Nachbarn – haben fast immer auch hilfsbereite Kinder. Noch kann ein Ein- bis Zweijähriges nicht viel ausrichten, aber in einem liebevollen, hilfsbereiten Familienklima werden die Grundsteine für eine erwachsene Hilfsbereitschaft gelegt. Wer selbst »gut drauf« ist, hilft anderen viel lieber als jemand, der in einer bedrückten und lustlosen Stimmung lebt.

Kinder, die sich wahrgenommen fühlen, helfen gern. Im 15. bis 16. Lebensmonat kann man einem Kind auch schon kleine Hilfeleistungen übertragen. Man kann es auffordern, ihm vertraute Gegenstände »aufzuräumen«. Natürlich wird der Aufräum-Erfolg nicht unbedingt mit dem zu vergleichen sein, den man von sich selbst erwartet, aber Eltern sollten die Sache dann lieber heimlich in Ordnung bringen und das Kind nichts von dieser Nachbesserung merken lassen, um es nicht zu entmutigen.

Kinder sind im zweiten Lebensjahr – aber auch noch viele Jahre später – sehr stolz darauf, schon »erwachsene« Aufgaben erledigen zu dürfen.

Jetzt brauchen Kinder dabei allerdings noch fast ständig die begleitenden Hände der Eltern. Wenn man ein Kind beispielsweise das Katzenfutter aus einer Aluschale dem Haustiger auf das Tellerchen löffeln lässt, wird es voraussichtlich nicht so sauber zugehen, wie sich die Eltern das wünschen. Aber das Kind bekommt das Gefühl, sowohl seinen Eltern eine Hilfe gewesen zu sein als auch noch das hungrige Haustier versorgt zu haben – das wiegt ein bisschen Kleckerei leicht wieder auf.

Was kann man für die geistige Entwicklung tun?

Die meisten Eltern fragen sich, wie sie ihr Kind fördern können, damit es besonders klug und erfolgreich wird. Fest steht: Gedächtnis- oder Rechenübungen sind nicht die entscheidenden Mittel, um die geistige Entwicklung voranzutreiben. Ausschlaggebend ist vielmehr die Zuwendung der Eltern – mit Gesten, Zuspruch, Zärtlichkeiten, gemeinsamen Unternehmungen und einer harmonischen Atmosphäre in der Familie.

Der Umgang mit Gefühlen spielt in der geistigen Entwicklung eine erstaunliche Rolle. Im Alter von einem Jahr kann das Kind schon ein umfassendes Repertoire an Gefühlen (non-verbal) ausdrücken. Was es da ausdrückt, hat es meist bei den Eltern gesehen – Zuneigung, Mitleid, Ärger, Traurigkeit, Wut.

Zuhören formt den Geist

Kleine Kinder kann man fördern, indem man viel mit ihnen spricht und alles erklärt, was man tut. Beispielsweise beim Anziehen erklärt »Jetzt ziehen wir die Strümpfchen über die Zehen« oder »Nun muss das Köpfchen in den Pullover tauchen . . .«

Inzwischen hat das Kind selbst auch schon einen kleinen Wortschatz, um sich mitzuteilen. Es erkennt Figuren und Gegenstände in Büchern wieder und es versteht einfache Fragen wie z. B. »Hast du Durst?« oder »Möchtest du das Förmchen haben?«

Im zweiten Lebensjahr hören Kinder auch schon gern mal eine kleine Geschichte. Eine Geschichte, die sie mögen, wollen sie wieder und wieder hören. Den Gefallen sollte man ihnen als Eltern tun, denn auch dadurch hilft man dem Kind bei seinem geistigen Vorankommen. Kleine Kinder brauchen nämlich noch ganz viel Wiedererkennungserlebnisse. Das verschafft ihnen das wachsende Gefühl, dass sie sich in dieser Welt auskennen.

Im zweiten Lebensjahr mögen Kinder ganz besonders gern

Geschichten mit Geräuschen, also beispielsweise eine Geschichte einer Löwenmama, die knurrt, wenn sich ihre Kleinen nicht ordentlich aufführen. Oder die Geschichte einer Biene, die lustig summt, während sie von Blüte zu Blüte fliegt. Auch hier sollten Eltern nicht müde werden, immer wieder die gewünschten Laute nachzuahmen.

Begriffe purzeln noch durcheinander

Ein Kind kann etwa mit 15 Monaten auf seine entsprechenden Körperteile zeigen, wenn man beispielsweise fragt, wo denn der Fuß ist oder der Kopf. Doch natürlich muss man diese Begriffe mit ihm häufiger spielerisch verwendet haben. Nun ahmt es auch selbst Tierlaute nach, wenn man fragt, wie denn die Katze macht oder was der Hund sagt. Es freut sich, wenn es gleichsam mit seinen Eltern im Duett miauen oder »grunzen« kann. Noch fehlt es aber an der genauen Begriffszuordnung. »Hund« kann jetzt alles sein, was vier Beine hat. Auch ein Spielzeug, das gar nicht nach Hund aussieht, kann jetzt so genannt werden.

Welche Fähigkeiten zeigen sich im zweiten Lebensjahr?

In den ersten Monaten seines zweiten Lebensjahres versucht ein Kind hin und wieder, sich auszuziehen, wenn man es dazu auffordert. Man darf in dieser Hinsicht allerdings noch nicht allzu viel erwarten und kann dem Kind durchaus ein wenig helfen, ohne ihm gleich alles abzunehmen.

In diesem Alter kann man auch damit beginnen, seinem Kind eine Idee von »Besitz« zu geben. Man kann beispielsweise betonen: »Das ist Daniels Stuhl und das ist Mamas Stuhl« oder »Hier liegt Lisas Kleid und da liegen Papas Socken«. Man muss nicht befürchten, dass man das Kind dadurch zu einem Egoisten oder Materialisten macht. Die Phase, in der Kinder ihr Hab und Gut verteidigen, als ginge es um das erste und letzte Eigentum ihres

Lebens, hat mehr mit dem Trotzalter zu tun. Viele Experten sind überdies der Meinung, dass Kinder zu echtem Teilen erst etwa im siebten Lebensjahr fähig sind.

Erste Gedächtnisleistungen

Mit etwa 18 Monaten kann man erste Ansätze von Erinnerungsvermögen bei einem Kind fördern. Wenn man es beispielsweise auffordert »Bitte bring mir deine Puppe!«, dann muss es zwei Erinnerungsschritte leisten. Es muss sich erstens daran erinnern, was der Begriff Puppe bedeutet, und es muss sich zweitens überlegen, wo es diese Puppe zuletzt gesehen hat. Sicher wird das Kind sehr stolz sein, wenn es die Puppe bringen kann – und das mit Recht.

Ruhig alles zehn Mal sagen
Was Eltern von größeren Kindern gründlich auf die Nerven geht, macht in der Erziehung eines Kleinkindes noch richtig Spaß: immer wieder dasselbe zu sagen. »Das ist eine Ziege, ja, Mara, das ist eine süße, kleine Ziege!« Für Außenstehende mag das vielleicht etwas seltsam wirken, doch fast alle Eltern erklären ihren kleinen Kindern auf diese Weise fast intuitiv die Welt. Sie spüren, dass Lernen vor allem Wiederholungen braucht – das trifft für die Großen zu und für die Kleinen erst recht.

Eigenschaften beim Namen nennen

In den Gesprächen mit dem Kind sollten jetzt auch Farben, Konsistenzen und andere Eigenschaften miteinfließen. Man kann beispielsweise beim Spielen beschreiben, wie schön kuschelig weich sich der Stoffhase anfühlt, dass der Stein, den man beim Spaziergang auf dem Feldweg gefunden hat, hart, kalt und glatt ist, dass die Lampe auf dem Schrank hell und gelb leuchtet. Auch wenn das Kind diese Eigenschaftswörter möglicherweise

nicht wirklich verstehen und erst recht noch nicht behalten kann –, wird auch hier die Wiederholung zunächst einen Wiedererkennungseffekt und später eine »abrufbare« Erinnerung schaffen. Für das Kind wird durch die Beschreibung der Eltern auch deutlich: Die Welt ist bunt und vielfältig – ganz einfach ständig zum Staunen. Dieses Lebensgefühl ist eng an eine positive Grundeinstellung gekoppelt.

Erste Malversuche

Im Alter von einem Jahr sollte man einem Kind Stifte in die Hand geben, mit denen es auf Schmierpapier seine ersten Zeichnungen anfertigen kann. Hier geht es selbstverständlich noch nicht darum, das Kind konkrete Formen und Figuren zeichnen zu lassen, sondern gewissermaßen um abstrakte Kunst. Wesentlich bei diesen ersten Versuchen mit (möglichst nur mittellangen) Stiften oder Wachsmalkreiden und Papier ist die Erfahrung des Kindes, dass es mit diesen Malwerkzeugen etwas bewirken kann. Die meisten Kinder durchbohren auch das Papier hin und wieder mit dem Stift (deshalb auf stabile Unterlage achten). Auch das ist eine Form der Selbsterfahrung und der Einübung manueller Fertigkeiten. Beim Malen sollten Eltern in der Nähe bleiben, denn häufig stecken sich Kinder dieses Alters die Stifte noch in den Mund. Zwar enthalten Markenstifte keine Giftstoffe, aber zum Essen sind sie dennoch nicht geeignet.

Am Esstisch

Zur Förderung der manuellen Fertigkeiten gehört auch, dass man das Kind so oft wie möglich allein essen lässt. Seine Mahlzeit sollte deshalb eine Konsistenz haben, die sich gut löffeln lässt. Suppen oder dünnflüssige Breie sind ebenso ungeeignet wie große oder lange Nudeln. Festeres Kartoffelpürree eignet sich gut, aber auch Gemüsebrei oder Reis, der mit einer angedickten Soße vermischt ist.

Wie im Kapitel »Gesundheit und Pflege« bereits erwähnt, sollte ein Kind spätestens mit dem ersten Geburtstag gelernt haben, aus einem Becher oder aus einer Tasse zu trinken. Mit etwa 15 Monaten sind die meisten Kinder in der Lage, eine Tasse hochzunehmen, zum Mund zu führen und zu trinken – am besten eignet sich dafür eine Schnabel- bzw. Stehauftasse mit Griffen an beiden Seiten.

Im zweiten Lebensjahr sollte man ein Kind auch möglichst allein essen lassen, selbst wenn man sich vor den Auswirkungen fürchtet. Die meisten Kinder wollen in diesem Alter allein essen, manschen aber noch gelegentlich im Essen herum und benutzen Löffel und Gäbelchen auch oft zum Spielen. Dennoch: Wenn man das Kind keine Experimente machen lässt, kann es zum einen nichts lernen, zum anderen könnte es zu einem Machtkampf ums Essen kommen, der möglicherweise unterschwellig jahrelang anhält.

Beim Spielen

Ein Kind ist nun auch schon so weit, dass es aus drei Bauklötzen einen stabilen Turm bauen kann oder allein ein Buch anschaut, weil es jetzt weiß, wie man umblättert (am besten eignen sich die Kinderbücher mit den dicken Pappseiten). Ein Turmbau aus den guten alten bunten Holzbausteinen ist nach wie vor eine der besten Möglichkeiten, die manuellen Fertigkeiten eines Kindes zu fördern.

Außerdem kann ein Kind jetzt schon etwas Musik machen – ein Tambourin schlagen oder ein Xylophon zum Klingen bringen. Dank seiner manuellen Fertigkeiten einem Instrument Töne zu entlocken begeistert fast jedes Kind und motiviert es dazu, mehr auszuprobieren.

Jede Bewegung ein Impuls für das Gehirn

Fingerfertigkeiten zu erlernen ist Schwerstarbeit für die vielen Muskeln der Hand und der Finger, aber natürlich auch für das

Gehirn. Das funktioniert wie ein Wechselspiel: Für die vielen feinen Bewegungen beim Spielen mit Klötzchen, Werkzeugen oder Förmchen brauchen Hände und Finger das optimale Zusammenwirken von Nervenverbindungen des Gehirns. Das Gehirn benötigt seinerseits aber auch jede Menge grob- und feinmotorische Bewegungen der Gliedmaßen, um sich optimal entwickeln zu können. Erst in jüngerer Zeit hat die Wissenschaft erstaunliche Zusammenhänge zwischen Körperbewegungen und Gehirnentwicklung bzw. -leistung gefunden. Aus diesem Grund sollten Eltern ihr Kind immer wieder zu den verschiedensten (körperlichen) Betätigungen animieren. Und mit Nachsicht reagieren, wenn sich das Kind z.B. eingehend mit der Mechanik eines Treteimers beschäftigt.

Mit vielen Alltagsgegenständen kann ein Kind nicht nur seine Geschicklichkeit ausprobieren, sondern auch seine so genannte »Selbstwirksamkeit«. Es erlebt, dass es aus eigener Kraft etwas in Bewegung setzen kann – sogar etwas so Kompliziertes wie den Tretmülleimer, um bei diesem Beispiel zu bleiben.

Viel Zeit für feinmotorische Experimente

Mit Ende des zweiten Lebensjahres schaffen es viele Kinder schon, sich allein Socken und Schuhe anzuziehen (wenn auch bei den Socken die Fersen oft auf dem Spann sitzen und der linke Schuhe am rechten Fuß steckt). Eltern sollten sich jetzt, bevor sie aus dem Haus gehen wollen, viel Zeit nehmen, um ihr Kind seine Anzieh-Übungen machen zu lassen. Spätestens an der Schwelle zum dritten Lebensjahr haben Kinder ohnehin den Wunsch, ihren eigenen Willen durchzusetzen. Und zwar bevorzugt dann, wenn man es eilig hat. Sich genügend Zeit zu nehmen schont nicht nur die elterlichen Nerven, sondern gibt auch dem Kind die Chance, sein Können immer weiter zu verfeinern und Erfolgserlebnisse zu sammeln.

Es ist einfacher, wenn das Kind jetzt eher Kleidungsstücke zum Zuknöpfen statt mit Reißverschlüssen trägt, denn die Sache mit dem Reißverschluss ist doch noch recht kompliziert, außerdem kann es sich damit wehtun.

Grundlagen der Kommunikationsfähigkeit

Mit Beginn des zweiten Lebensjahres wachsen die meisten Kinder so allmählich aus der Fremdelphase heraus und zeigen sich anderen Menschen gegenüber neugierig. Das heißt zwar nicht, dass sie nun auf jeden Fremden vertrauensvoll zugehen, aber sie sind sichtlich hin- und hergerissen zwischen dem Wunsch, einen unbekannten Menschen kennen zu lernen, und der Scheu genau davor.

Jetzt wird es wichtig, das Kind an geselligen Zusammenkünften teilhaben zu lassen. Es »redet« dann auch ganz gern mit. Was kleine Kinder allerdings wenig mögen, ist der Aufenthalt in überfüllten Kaufhäusern und verräucherten Kneipen. Es gibt auch nicht den geringsten Grund, ein Kind schon jetzt an diese Form der zwischenmenschlichen Zusammentreffen zu gewöhnen. In einem kleinen Tante-Emma-Laden macht das Einkaufen dagegen auch schon den meisten Zweijährigen Spaß und gegen einen Besuch im Biergarten mit angeschlossenem Spielplatz ist natürlich auch nichts einzuwenden.

Echte Spielkameraden sind noch selten

Mit etwa 15 bis 18 Monaten spielt ein Kind meist schon bei anderen Kindern – seltener mit ihnen. Und selbst wenn es manchmal nach Zusammenspiel aussieht, können Kinder in diesem Alter eigentlich noch nichts miteinander anfangen. Sie sind neugierig auf andere, doch dass diese Lebewesen keine Experimentierobjekte sind, sondern Wesen, die z. B. auch Schmerz empfinden, wenn man sie zu grob behandelt, das können Kinder erst etwa ab dem Kindergartenalter allmählich verstehen.

»Mein ist dein ganzes Herz!«

Telefongespräche müssen viele Eltern – besonders Mütter – nun möglichst auf den Abend verlegen. Selbst die sanftesten Gemüter unter den Ein- bis Zweijährigen können zu Dauernervensägen mutieren, wenn dieser Apparat, den sich die Mutter ans Ohr hält, deren ganze Aufmerksamkeit »frisst«. Trost ist auch leider nicht in Sicht: Diese Unmöglichkeit, in Anwesenheit eines Kindes zu telefonieren, bleibt in aller Regel über viele Jahre erhalten. Kaum einer Mutter gelingt es, ihr Kind davon abzubringen, mit mehr oder weniger subtilem »Terror« ihre Telefonate zu stören. Es soll gar nicht wenige Mütter geben, die deshalb grundsätzlich nur auf der Toilette telefonieren.

Auch Schattenseiten wollen angenommen sein

Lob ist nun angesagt für alle Liebesbezeigungen, zu denen das Kind sich fähig zeigt: Es drückt die Puppe, streichelt die Katze (was allerdings meist mehr nach Klopfen aussieht und selbst hart gesottene Stubentiger eher in die Flucht schlägt), kost andere Kinder – und natürlich Mama und Papa. Eltern sollten ihrem Kind signalisieren, dass diese Streicheleinheiten sehr willkommen sind.

Gleichzeitig dürfen aber auch Unmutsäußerungen des Kindes wie Ärger oder Wut nicht mit Ablehnung oder gar Strafen bedacht werden. Das ist keine leichte Aufgabe für Eltern, aber dennoch ist es wichtig, dass sich das Kind mit seinen freundlichen, aber eben auch mit seinen weniger freundlichen Seiten angenommen fühlt. Dies ist deshalb so entscheidend, weil jeder Mensch lernen muss, seine Licht- und Schattenseiten gleichermaßen zu akzeptieren und sich mit ihnen auszusöhnen. Das gelingt am besten, wenn Eltern ihr Kind in seiner gesamten Persönlichkeit annehmen.

Sich selbst mit all seinen Schwächen zu mögen wirkt sich

auch sehr nachhaltig auf die spätere Kommunikationsfähigkeit aus. Wer mit sich nicht im Reinen ist, verhält sich auch im Kontakt zu anderen Menschen unsicher bzw. bekämpft nicht selten bei anderen die »Schattenseiten«, die er sich selbst nicht erlaubt.

Frühe Nabelschau

Gegen Ende des zweiten Lebensjahres können Kinder schon ganz schön massiv werden, wenn sie die Aufmerksamkeit ihrer Eltern oder anderer ihnen wichtiger Erwachsener gewinnen wollen. Sie können am Ärmel ziehen, Lärm machen, quengeln oder sogar hauen. Nun sehen sich alle kleinen Kinder als Nabel der Welt, das wurde ihnen quasi in die Wiege gelegt. Eigentlich müsste sich immer alles um ihre Wünsche drehen. Abhilfe schafft da oft nur der Kontakt mit anderen Kindern, denn erstaunlicherweise fällt da die beschriebene Egozentrik von ihnen ab.

Wichtig ist, dem Kind zu zeigen, dass man es im Auge hat. Es will die volle Aufmerksamkeit, und die soll es auch immer wieder bekommen, gleichzeitig muss es aber lernen, dass sich nicht 16 Stunden am Tag alles um einen drehen kann. Liebevoller Blickkontakt signalisiert dem Kind immer wieder, dass man zwar Verständnis für seine Wünsche hat, aber auch noch etwas anderes zu tun hat. Ein genervtes Signal mit der Botschaft »Nun lass mich doch mal in Ruhe!« sollte man unbedingt vermeiden, auch wenn einem an manchen Tagen noch so sehr danach ist.

Im Tagesablauf muss es dann immer wieder »Inseln« geben, die nur für die Beschäftigung mit dem Kind da sind. Ein Kind, das die Erfahrung macht, dass die Eltern jedes Mal sofort gesprungen kommen, wenn es unterhalten werden möchte, wird sich möglicherweise zu einem Menschen entwickeln, der nicht allein sein kann.

Kann man den inneren Frieden eines Kindes fördern?

Kein Kind kommt als unbeschriebenes Blatt auf die Welt. Es bringt bereits Veranlagungen und Wesenszüge mit, die Eltern bald nach der Geburt vertraut werden. Das eine Baby schläft relativ viel, das andere hält seine Eltern durch seine langen Wachphasen auf Trab. Das eine Baby liegt nach dem Aufwachen friedlich in seinem Bettchen, das andere verlangt sofort höchste Aufmerksamkeit. Das eine trinkt in kräftigen Zügen, das andere eher gelangweilt. Das eine scheint ein Ausbund an Heiterkeit zu sein, das andere neigt zum Quengeln und zur Unzufriedenheit. Manche Eigenarten scheinen nur vorübergehender Natur zu sein, von anderen wird man noch später sagen: »Das hat sie (oder er) schon als Baby so gemacht!«

Grenzen bringen Glück

Ahnte man noch vor zwei bis drei Generationen wenig von den prägenden Einflüssen der Eltern und waren Demütigungen und körperliche Züchtigungen in der Erziehung an der Tagesordnung, so schlug nach dem Erscheinen von Werken wie Alice Millers ›Am Anfang war Erziehung‹ das Pendel zur anderen Seite aus. Kinder sollten alles dürfen, so die Maxime, und Eltern (insbesondere Mütter) galten als die Schuldigen, wenn Kinder sich auf ihrem Lebensweg nicht zurechtfanden.

Heute tendieren engagierte Eltern zur goldenen Mitte – zur gewährenden Erziehung in festen Grenzen und mit klarer Orientierung. Für das zweite Lebensjahr, in dem sich ein Kind schon einen beachtlichen Aktionsradius aufbaut, kann man Eltern ein paar grundlegende Verhaltensweisen empfehlen, die eine Basis für eine stabile Persönlichkeit schaffen können:

– Freundliche, positiv gestimmte Eltern fördern bei ihrem Kind Zutrauen, Wärme und Offenheit. Mit übellaunigen, ablehnenden Tönen und Stimmungen machen Eltern ihrem Kind Angst und verunsichern es.

– Körperkontakt ist ein wesentliches Element gelebter Elternliebe. Wärme, Nähe und Geruch der Eltern vermitteln dem Kind Geborgenheit. Kindern, denen diese Liebesbezeugungen vorenthalten werden, haben später meist große Schwierigkeiten mit Körperkontakt – sie sehnen sich sehr danach und lehnen ihn oft gleichzeitig angstvoll ab.

– Bestätigung brauchen alle Menschen, besonders aber die ganz Kleinen. Auch wenn man nicht sicher sein kann, was ein Kind im zweiten Lebensjahr von dem versteht, was man zu ihm sagt – es kommt vor allem auf den Ton an. Kinder »lesen« in der Sprachmelodie und in der Stimmlage und finden darin Anerkennung und Ermutigung.

– Wichtig ist, dass Eltern immer auf ihr Kind reagieren – auch wenn sie eigentlich gerade keine Zeit haben, sich intensiver mit ihm zu befassen. Doch das Kind muss immer spüren: Meine Signale werden gehört und gesehen. Fühlt sich ein Kind häufig ignoriert, wird es entweder zu deutlicheren »Methoden« greifen oder sich resigniert in sein Schneckenhaus zurückziehen.

Positive Eltern fördern ihr Kind

Auch wenn es an manchen Tagen schwer fällt, sollten Eltern versuchen, zumindest ihren Kindern gegenüber niemals negativ zu sein. Man kann sich dazu erziehen, das halb leere Glas als halb voll zu betrachten. Positives Denken um jeden Preis ist hiermit allerdings nicht gemeint. Ein trauriges Ereignis kann man nicht schönreden, aber davon versteht ein Kind im zweiten Lebensjahr noch nicht so viel. Tränen und Verzweiflung bei den Eltern machen einem so kleinen Menschen Angst, deshalb sollte man sich seinem Kind in verzweifelten Momenten möglichst nicht zumuten, sondern sich in so einer Situation um eine vertraute Person bemühen, die dann zeitweise die Betreuung übernimmt.

Sprechen lernen – eine tolle Leistung

Die Fähigkeit, durch Sprache miteinander zu kommunizieren, zeichnet uns Menschen aus. Kein anderes Lebewesen kann das. Die Muttersprache (!) wird von den Eltern an ihre Kinder weitergegeben. Die Atmosphäre, in der ein Kind aufwächst, wirkt sich daher ganz entscheidend auch auf die sprachliche Entwicklung aus. Das Kind sollte erleben, dass in der Familie Geborgenheit und Freude an gemeinsamen Aktivitäten wichtig sind, und es sollte spüren, dass Beziehungen zu anderen Menschen etwas Schönes und Kostbares sind und dass es Freude macht, auch über seine Gefühle zu sprechen.

Weil Kleinkinder überwiegend durch Imitation lernen, ist es so wesentlich, dass viel mit ihnen gesprochen wird. Es gibt schließlich immer etwas zu erzählen, und wenn man »nur« kommentiert, was man gerade macht, etwa Kartoffeln schälen, einen Knopf annähen oder einen Kaffee kochen. Außerdem gibt es Reime, die gerade kleine Kinder immer wieder gerne hören.

Wesentlich erscheint Sprachwissenschaftlern, dass Eltern ihre Sprache nicht auf »Baby-Niveau« herunterfahren, in dem Wunsch, sich damit ihrem Kind besser verständlich zu machen. »Wau-wau«, »töff-töff« oder ähnliche Wortschöpfungen sind zwar putzig und witzig, aber sie fördern die Sprachentwicklung eines Kindes nicht. Im Grunde sind nur zwei Vereinfachungen sinnvoll: Mama und Papa. Diese jeweils besonders einfach auszusprechenden zwei Silben sind von einer so tiefen und lebenslangen Bedeutung, dass man keinesfalls auf sie verzichten sollte.

Positive Rückmeldungen sind wichtig

Im letzten Viertel des zweiten Lebensjahres kann ein Kind sich schon recht gut verständlich machen, wenn es etwas möchte. Es kann beispielsweise um etwas zu trinken bitten, wenn es auch meist noch nicht genau sagen kann, worauf es Lust hat. Oft muss dann die Mutter oder der Vater alle vorhandenen Getränke »durchfragen«, um irgendwann eine positive Rückmeldung zu bekommen. Dann sollten die Eltern den Satz wiederholen, etwa »du möchtest einen Apfelsaft trinken«.

Der richtige Umgang mit der Kindersprache

Eltern sollten sich bemühen, »ganz normal« mit ihrem Kind zu sprechen, wenn auch etwas langsamer, sorgfältiger und mit deutlicherer Betonung. Die Ausdrücke, die ein Kind kreiert (z. B. »Wa-wa« für Löffel), kann man ihm lassen, sollte sie allerdings nicht übernehmen. Stattdessen kann man wiederholen: »Ja, das ist dein Löffel!« Auf gar keinen Fall sollte man darauf bestehen, dass das Kind das Wort oder den Satz korrekt nachspricht. Denn es will ja Löffel sagen, bringt diese Silben aber noch nicht zustande.

Manche Eltern haben interessante Erfahrungen damit gemacht, die Äußerungen ihres Kindes mit Hilfe eines Kassettenrekorders aufzuzeichnen und abzuhören, um noch mehr »zwischen den Zeilen« zu lesen. Außerdem sind solche Aufnahmen natürlich auch eine schöne Erinnerung an die ganz individuelle Sprachentwicklung des eigenen Nachwuchses.

Sprachförderung mit Liedern, Reimen und Fingerspielen

Auch wenn heute viele Eltern kaum noch ein Kinder- oder Volkslied singen können (geschweige denn den Text mehrerer Strophen beherrschen), wäre es schön, wenn sie es ihrem Kind zuliebe wieder »lernen« würden. Es gibt ja Bücher, in denen diese Lieder aufgeschrieben sind, und jede Menge CDs und Kassetten, mit deren Hilfe auch relativ unmusikalische Eltern sich die eine oder andere Melodie aneignen können.

Mag sein, dass es manche Eltern albern finden, ihrem Kind ›Alle meine Entchen‹ oder ›Backe, backe Kuchen‹ vorzusingen. Diese Kinderlieder sind jedoch in ihrer Länge gerade so ausgelegt, dass sie die Aufmerksamkeitsspanne, die ein Kind in diesem Alter ausharren kann, nicht überschreiten. Außerdem haben sie einen einfachen, gleich bleibenden Rhythmus, sodass man das Kind zum Mitklatschen anleiten oder mit ihm auch kleine Tanzschritte machen kann.

Aber Kinderlieder fördern keineswegs nur Konzentration, Merkfähigkeit, Rhythmusgefühl und Bewegung, sondern eben auch das Sprachvermögen. Die vielen Wiederholungen, die ein Kind meist auch verlangt, sind hier entscheidend. Lieder machen Spaß und regen zum Mitsingen an. Kinderlieder entsprechen in ihrem Tonumfang fast allesamt der kindlichen Stimmentwicklung, enthalten also weder sehr hohe noch sehr tiefe Töne. Das Kind kann problemlos mitsingen und übt so ganz nebenbei eine gute Artikulation.

Reime (z.B. »In unserem Häuschen sind viele Mäuschen«) und Verse (z.B. »Das ist der Daumen, der schüttelt die Pflaumen ...«) eignen sich deshalb so gut zur Sprachförderung, weil sie Betonung, Sprechmelodie und Rhythmus trainieren.

Kinder lernen einen Reim auch meist leichter als »Prosa«. Hier wird ein spielerischer Umgang mit Worten geübt, außerdem verbessern auch Reime, ebenso wie Lieder, die Merkfähigkeit. Durch das Vorsprechen bekommen die Kinder immer wieder ein sprachliches Vorbild für eine korrekte Artikulation.

Finger- und Mundmotorik helfen beim Sprechen

Wie bereits an anderer Stelle erwähnt, braucht das Gehirn für seine Entwicklung genügend Bewegungsreize, unter anderen auch feinmotorische. So kann man etwa die Sprachentwicklung durch Fingerspiele unterstützen (z.B. »Alle meine Fingerlein ...«), indem man mit dem Kind übt, zu den entsprechenden Fingerbewegungen die Verse nachzusprechen.

Was tun bei Sprachauffälligkeiten?

Oberstes Gebot bei allen Auffälligkeiten wie Lispeln oder grammatikalischen Fehlern: kein großes Aufhebens davon machen, sondern das Kind einfach so akzeptieren, wie es ist. Je mehr man versucht, das Kind durch Ermahnungen oder Übungen von seinen Schwierigkeiten zu erlösen, umso mehr verunsichert man es. Gedanken darüber, bei welchem Experten oder bei welcher Frühförderungs-Institution man das Kind einmal vorstellt, kann man sich im stillen Kämmerlein machen.

Sprachauffälligkeiten können harmlose Entwicklungsverzögerungen sein, die sich bald von selbst geben. Sie können aber auch ein Hinweis auf eine Störung sein, die behandelt werden muss. Was genau zu tun ist, kann nur ein erfahrener Experte (Kinderarzt, Logopäde) entscheiden.

Überhaupt ist die Entwicklung der Feinmotorik eng an die Sprachentwicklung gekoppelt, denn die allgemeine Geschicklichkeit des Muskelapparats, der für die Feinmotorik zuständig ist, beeinflusst auch die Geschicklichkeit der Sprechmuskulatur. Es besteht sogar eine ganz besonders enge Beziehung zwischen Fingerfertigkeit und Sprechgeschicklichkeit. Daraus ergibt sich, wie wichtig es ist, einem Kind im zweiten Lebensjahr möglichst oft Gelegenheit zu bieten, sich mit Bausteinen, Stiften, Fingerfarben, Modelliermasse, Knöpfen (bitte dabei bleiben, wenn ein Kind in diesem Alter mit Kleinteilen umgeht!) oder Steckbrettern zu befassen.

Mit dieser Beschäftigung macht ein Kind eine Menge Sinneserfahrungen, lernt seine Fähigkeiten kennen und kann sie allmählich ausbauen. Greifen und Fühlen (vor allem mit den empfindlichen Fingerkuppen) sind ganz besonders wichtige Fähigkeiten in unserem ganzen Leben.

Übungen für die Mundmuskeln

Kinder, die Schwierigkeiten bei der Lautbildung haben, leiden oft an einer unreifen Mundmotorik; diese Situation kann man durch feinmotorische Beschäftigungen verbessern. Um die Mundmotorik zu trainiren, hilft z. B. Essen! Jede Nahrung, für die sich der Mund ein wenig bemühen muss, wie etwa festeres Obst oder Brotrinde, verlangen dem Mund eine besondere Koordination der Bewegungen ab. Auch der Mundschluss wird beim Abbeißen und Kauen geübt. Gegen Ende des zweiten Lebensjahres gibt es zudem immer mehr Möglichkeiten, Beweglichkeit und Geschicklichkeit der Mundmuskulatur zu fördern: Kerzen auspusten, Mundharmonika spielen, Seifenblasen pusten, Zuckerstreusel mit der Zunge von einem Teller aufnehmen, die Zunge rausstrecken, einen Kussmund formen usw. . . .

Kinder lernen sprechen, weil sie hören

Wie bereits im Band ›Das erste Lebensjahr‹ beschrieben, kann ein Kind nur dann richtig sprechen lernen, wenn sein Gehör ohne Einschränkungen funktioniert. Alle Geräusche sind Entwicklungsreize, Gesprochenes hat aber natürlich einen besonderen Stellenwert. Das Zuhören fördert die Entstehung von Millionen von Nervenverbindungen im Gehirn, ohne die das Sprachvermögen nicht ausgebildet werden kann. Ein Kind, mit dem viel und in liebevoller Weise gesprochen wird, lernt leichter sprechen als andere, die durch Sprache wenig positive Signale bekommen.

Es versteht sich von selbst, dass es auch Ruhephasen geben und man also nicht unentwegt vor sich hin plappern muss. Außerdem sollte man nicht permanent mit besonderer Eindringlichkeit auf das Kind einsprechen in der Hoffnung, es dadurch stärker zu fördern.

Am Anfang steht ein Wort

Im ersten Teil des zweiten Lebensjahres sprechen Kinder typische Einwort-Sätze. Dabei hat dieses eine Wort ein solches Gewicht, dass die Eltern meist wissen, was gemeint ist. Das Kind spricht das Wort nämlich – je nachdem, was es erreichen möchte – mit unterschiedlichem Tonfall aus, begleitet es durch Mimik und Gestik, sodass Fragendes oder Betonendes deutlich herausklingt. Eltern hören sehr bald, ob das Kind seinen Stoffbären sucht (»Teddy?«) oder ob es ihn gerade entdeckt hat (»Teddy!«). Für die Sprachentwicklung eines Kindes ist es nun besonders wichtig, dass ihm durch seine Eltern (oder andere Bezugspersonen) signalisiert wird: Ja, ich verstehe, was du meinst! Und dass ihm weiterhin gezeigt wird: Auch wenn wir mal nicht auf Anhieb verstehen, bemühen wir uns, herauszufinden, was du meinst.

Diese Erfahrung, anderen Menschen etwas mitteilen zu können und dabei wichtig und ernst genommen zu werden, ist ganz elementar. An einem Defizit, das ein Kind in dieser Phase erlebt, kann es im Extremfall ein ganzes Leben lang leiden, denn es wird verinnerlichen: Was ich sage, ist nicht wichtig – also bin ich selbst auch nicht wichtig.

Zwei-Wort-Sätze aus wachsendem Wortschatz

In der zweiten Hälfte des zweiten Lebensjahres sprechen Kinder die berühmten Zwei-Wort-Sätze; hinzu kommen erste Fragen. Oft werden die Wörter noch nicht korrekt ausgesprochen, Buchstaben verdreht oder weggelassen. Mit etwa 18 Monaten sollte ein Kind etwa zehn Wörter richtig (also fehlerfrei) sprechen können. Besonders süß in diesem Alter sind nachgesprochene, aber in ihrer Bedeutung nicht erkannte Worte wie etwa »Du Güte!« (für »Du meine Güte!«) oder »Passt nicht!« (für »Das passt mir nicht!«). Auch Fragen kommen noch verkürzt daher, beispielsweise »Ist das?« (für »Was ist das?«).

Der Wortschatz eines Kindes vor der Schwelle zum dritten Lebensjahr beträgt zwischen zehn und 40 Wörtern, wobei man anmerken muss, dass der passive Wortschatz immer größer ist als der aktive. Er umfasst Ende des zweiten Lebensjahres ungefähr 250 Wörter. Erwachsene kennen das von Fremdsprachen: Man versteht die Sprache zum großen Teil, könnte sich aber von sich aus nicht so vielfältig ausdrücken.

Wie kann man den Wortschatz vergrößern?

Eltern sollten viel mit ihrem Kind sprechen und ihr eigenes Tun kommentieren – das wurde an anderen Stellen bereits erwähnt. Beim Aufräumen kann man die Dinge beim Namen nennen, die man aufhebt und verstaut. Dazu kann man ein paar Sätze sagen wie etwa: »Die Bücher wollen in ihren Schrank, damit sie dort schlafen können.« Beim Kochen oder Tischdecken kann man ebenso erzählen, was man gerade tut und welches Geschirr bzw. Werkzeug man benutzt und welche Lebensmittel man verarbeitet. Beim Einkaufen, beim Zoobesuch, beim Waldspaziergang ist Gelegenheit zu erzählen, was man sieht, was geschieht oder was man darüber denkt.

Der Weg zum Dialog

Im zweiten Lebensjahr verstehen Kinder wesentlich mehr, als sie selbst artikulieren können. Wenn sie »Papa« sagen, kann das vieles bedeuten, z. B. »Papa, spiel mit mir!« Deshalb ist es wichtig, dass sich Eltern in dieser Zeit besondere Mühe geben, »zwischen den Zeilen zu lesen«. Man kann das Kind fragen: »Möchtest du spielen?« oder »Möchtest du in den Garten gehen?« Ganz allmählich lernt man, einander zu verstehen. Es bleibt aber meist nicht aus, dass das Kind auch einmal ungeduldig, ja wütend wird, weil Mama oder Papa seinen Wunsch nicht herausfinden. Nachsicht ist hier sehr entscheidend, denn das Kind ist ja selbst unglücklich, dass es sich noch nicht so äußern kann, wie es gerne möchte.

Eltern sollten vieles für ihr Kind aussprechen, wenn sie den Wunsch erkannt haben, wie etwa »Papa geht mit Timo in den Garten.« Mit der Zeit kann das Kind sich dann schon in Zweiwortsätzen verständlich machen (»Papa, Garten!«).

Zu geglückten Dialogen gehört auch eine gemeinsame Wahrnehmung: Man hört gemeinsam mit dem Kind dem morgendlichen Vogelgezwitscher zu, lauscht dem Schnurren der Katze, dem Hammer-Klopfen aus dem Nebenhaus, dem Brodeln der Kaffeemaschine usw. Kinder sind gerade in den ersten Lebensjahren sehr angetan von Geräuschen und wollen wissen, was hinter dem steckt, was sie da mit ihrem Gehör wahrnehmen. Wir Erwachsenen sind in gewisser Weise »abgestumpft«, nehmen viele Geräusche auch deshalb nicht mehr bewusst wahr, weil sie uns bekannt sind. Vertrautes rauscht quasi an uns vorbei.

Dialoge entwickeln sich auch beim Bücher-Ansehen. Was sieht man auf dem Bild? Was machen die Menschen und die Tiere? Wie sehen die Blumen aus? Scheint die Sonne? Über all das kann man mit dem Kind sprechen und seine Freude darüber zeigen, was es in seinem Lieblingsbuch schon alles wiedererkennt.

Was man mit Sprache alles machen kann

In den letzten Monaten des zweiten Lebensjahres kann ein Kind meist auch schon Fragewörter (»Wo?«, »Wohin?«) einsetzen. Es hat bereits eine Vorstellung davon, was »mein« und »dein« bedeutet, und es bedient sich mit wachsendem Interesse der Verneinung (was im bevorstehenden Trotzalter besonders wichtig wird). Ausgesprochen faszinierend: Das Kind hat bereits in diesem Alter ein Gespür dafür, dass man Sprache in verschiedenen Bereichen einsetzen kann, nämlich um etwas zu bekommen, was man haben möchte oder braucht, um sich mitzuteilen oder um überhaupt mit anderen in Kontakt zu treten bzw. ihre Aufmerksamkeit zu erlangen. Jetzt sind auch schon erste Ansätze einer »Gesprächsführung« erkennbar: Das Kind kann abwarten, bis sein Gesprächspartner zu Ende gesprochen hat. Diese Fähigkeit sollte man fördern, indem man sich regelmäßig sehr aufmerksam und zugewandt mit dem Kind unterhält. Wichtig ist dabei stets – und das scheint nicht selbstverständlich zu sein – , dass man das Kind ernst nimmt und nicht auslacht. Wenn seine Ausführungen auch manchmal so niedlich sind, dass man losprusten könnte . . .

Sprachentwicklung ist etwas höchst Individuelles
Der Spracherwerb im zweiten Lebensjahr vollzieht sich selten »lehrbuchmäßig«. Manchmal hat man das Gefühl, dass sich über Wochen wenig tut, dann wieder scheint sich das Sprachvermögen geradezu sprunghaft zu entwickeln. Vergleiche mit anderen Kindern und deren Fortschritten sollte man möglichst meiden, denn falls es tatsächlich Störungen in der Sprachentwicklung gibt, so kann die ohnehin nur ein Experte beurteilen. Die zwei wesentlichen Kriterien für die normale Sprachentwicklung sind: Das Kind spricht gern und häufig und es verwendet gegen Ende des zweiten Lebensjahres Zwei-Wort-Sätze.

Spielend die Welt entdecken

Kinderspiele sind kein Zeitvertreib, sondern wesentliche Schritte zur Persönlichkeitsentwicklung. Kinder spielen ganz anders als Erwachsene. Wir Großen brauchen Spielregeln und ein Ziel, damit das Spiel funktioniert. Die Kleinen dagegen (er-)finden die Regeln erst beim Spielen und brauchen überhaupt kein Ziel. Sie können stundenlang selbstvergessen spielen. Sie wollen nicht gewinnen oder verlieren – sie wollen mit Hilfe des Spielens die Welt, in die sie hineingeboren sind, verstehen und ihren Platz darin finden. Deshalb gibt es Spiele, die in allen Erdteilen gleich sind, ganz egal, ob arme oder reiche Kinder spielen.

Spielsachen mit Bedacht wählen

Das Spielzeugangebot ist auch schon für die Kleinsten unüberschaubar. Aber nicht nur deshalb sind Eltern oft unsicher und kaufen zu viel. Mütter und Väter sind außerdem leicht verführbar. In ihrem Kind erkennen sie ein Stück weit sich selbst wieder und kaufen hin und wieder Dinge, die ihnen als Kind selbst gefallen hätten.

Das ist nicht grundsätzlich falsch, aber man sollte sich doch der Tatsache bewusst sein, dass man so etwas wie der »Spielberater« seines Kindes ist. Zwei der wichtigsten Regeln dabei: Achten Sie auf die Altersempfehlung des Spielzeugherstellers, und wählen Sie Markenprodukte. Dann können Sie davon ausgehen, dass den Spielsachen Ergebnisse der entwicklungspsychologischen Forschung zugrunde liegen.

Das ist wiederum eine Gewähr dafür, dass man dem Kind nichts anbietet, dem es noch nicht gewachsen ist oder durch das es unterfordert wäre. Ist ein Kind von einem Spielzeug überfordert, reagiert es frustriert, wendet sich ab oder fängt gar an zu quengeln. Natürlich müssen sich Eltern letztlich von ihrem Gefühl – und später von ihrer Erfahrung – leiten lassen. Sie kennen ihr Kind am besten und können beurteilen, ob ein Spielzeug für ihr Kind interessant und anregend sein könnte.

Bloß keine Spielzeugläden im Kinderzimmer!

Der Entwicklung eines Kindes ist es wenig zuträglich, wenn man einen Berg von Spielzeug anschafft, damit das Kind »auswählen« kann. So eine »Überdosierung« überfordert Kinder. Außerdem ist manches auf den ersten Blick hübsch anzuschauende Spielzeug nutzlos, weil kein Kind damit wirklich etwas anfangen kann. Je kleiner ein Kind ist, desto überschaubarer sollte seine Spielzeugwelt sein.

Nebeneinander – nicht miteinander spielen

Es ist ein weiter Weg, bis ein menschliches Wesen »sozial kompetent«, also fähig ist zu teilen, Mitgefühl zu entwickeln, Befindlichkeiten anderer nachzuempfinden, Rücksicht zu nehmen. Auf diesem Weg bildet das Spielen ein ganz wesentliches Element. Im zweiten und dritten Lebensjahr sind viele Kinder schon gern mit Gleichaltrigen zusammen, sie spielen jedoch meist noch getrennt. Hin und wieder wird geschaut, was der Altersgenosse da macht, aber von Kooperation kann noch kaum die Rede sein. Eher nimmt einer dem anderen mal etwas weg und ist dann ganz erstaunt, wenn Protestgeschrei losbricht. Erst ab dem Kindergartenalter können Kinder wirklich miteinander spielen. Für manches Kind unter zwei Jahren kann eine Spielgruppe sogar vor allem Stress bedeuten. Dann zieht sich das Kind verschüchtert in eine Ecke oder auf Mutters Schoß zurück. Wenn es weint, sollte man die Gruppe möglichst bald verlassen. In diesem Alter sollte man noch nicht mit Nachdruck versuchen, ein Kind an eine Gemeinschaft zu gewöhnen. Laden Sie hin und wieder einen Spielkameraden ein. Ist dieses Zusammentreffen für Ihr Kind ein »Heimspiel«, begegnet es dem anderen Kind wahrscheinlich mit mehr Selbstsicherheit. Später kann man auch zwei Spielkameraden einladen. Es versteht sich von selbst, dass das Kind diese Altersgenossen wirklich mögen sollte – auch kleine Kinder fühlen schon Sympathien und Antipathien.

Kreativität – die große Kostbarkeit

Wissen ist gut, Kreativität ist besser. Auf diesen einfachen Nenner könnte man die Anforderungen unserer heutigen Welt bringen. Was nützen einem Menschen umfangreiche theoretische Kenntnisse, wenn er sie nicht fantasievoll und gewinnbringend einzusetzen weiß? Auch für das persönliche Glück ist Kreativität eine wichtige Voraussetzung. Kreativ zu sein bedeutet ja nicht etwa nur, sich künstlerisch auf irgendeine Weise zu entfalten. Es bedeutet auch, in allen Lebenslagen neue Ideen zu haben und sich zu helfen zu wissen.

Deshalb achten viele Eltern heute mehr und mehr darauf, dass die Spielsachen ihres Kindes seine schöpferischen Kräfte anregen. Für alle Menschen – ganz besonders aber für die Kleinen, die in diese Welt hineinwachsen wollen – ist es eine wichtige Erfahrung, etwas ganz Persönliches gestalten zu können.

Natürlich können Eltern nicht alles, was ein Kind so kreiert (z. B. »Musik« durch das Klopfen mit dem Kerzenständer auf den Glastisch . . .), gutheißen. Mit Spielsachen, mit denen man sowohl sichtbar als auch hörbar kreativ sein kann, dürfen Kinder dagegen uneingeschränkt gestalterische Erfahrungen sammeln. Deshalb ist es wichtig, dass Kinder Spielsachen mit vielen Variations- und Einsatzmöglichkeiten haben. Lassen Sie sich am besten in einem Fachgeschäft beraten bzw. entsprechendes Spielzeug vorführen.

Entdeckungsreise für kleine Abenteurer

Kinder brauchen sich wiederholende Erfahrungen – das wurde schon mehrfach erwähnt. So wächst das Vertrauen in die Welt, aber auch in die eigene Urteilskraft. Das Kind geht mit bestimmten Erwartungen in den Tag und braucht dafür Bestätigungen. Dies ist eine wesentliche Basis für die Entwicklung von Kreativität. Will sagen: Es muss das Vertraute geben – und fein dosiert Neuigkeiten. Daher ist es überhaupt nicht notwendig, in rascher Abfolge immer neues Spielzeug anzuschaffen.

Mit neuen Erlebnissen (gemeinsam mit den Eltern) wird der Denkhorizont viel eher erweitert. Fast alle Eltern machen die Erfahrung, dass sich sogar ihr eigener Horizont durch ihr Kind erweitert hat, denn Mütter und Väter lernen mit ihren Kindern wieder genauer hinzusehen: Wie fühlt es sich an, wenn man durch raschelndes Herbstlaub läuft? Was geschieht, wenn man eine Vogelfeder zu Boden gleiten lässt? Wie verändert sich der Geschmack eines Butterkekses, den man lange kaut?

Schon ein kleiner Garten bietet viele Möglichkeiten, Neues zu entdecken und sich kreativ zu beschäftigen. Allerdings kann man zweijährige Kinder in der Regel im Garten nicht allein lassen, da es fast in jedem Garten giftige Blumen und Sträucher gibt.

In der freien Natur – im Wald, auf einer großen Wiese, am Wasser – kann auch ein Kind im zweiten Lebensjahr zusammen mit seinen Eltern schon eine Menge Ideen entfalten.

Wie funktioniert die Welt?

Beim Spielen ist einem Kind keine Anstrengung zu groß. Kinder wollen nicht nur ihrer Fantasie freien Lauf lassen, sondern sie wollen auch »den Ernst des Lebens« nachspielen. Da geht der kleine Steppke mit der Laptop-Tasche in Richtung Haustür, um sich auf den Weg ins Büro zu machen. Die kleine Lady kramt im Schminkbeutel, hat dabei das Handy am Ohr, weil es noch einen beruflichen Termin zu vereinbaren gilt.

Kinder wollen so groß sein wie ihre Eltern und andere Bezugspersonen, die sie beobachtet haben. Sie wollen Zusammenhänge nachvollziehen und die Erfahrung machen, dass sie etwas bewirken können. Sie suchen – wie im Grunde Menschen jeden Alters – nach einer Logik hinter den Dingen. Sie wollen immer wieder erleben: Wenn ich dies tue, dann passiert immer wieder das ... Deshalb kommt es ganz wesentlich darauf an, dass Kinder Spielzeug haben, das Belastungen ebenso aushält wie »unsachgemäße« Handhabungen (z. B. Herumwerfen) und das zuverlässig funktioniert. Für Kinder ist es frustrierend und unverständlich, wenn ein Spielzeug mal wie gewohnt funktioniert, mal gar nicht oder völlig unerwartet.

Müssen Eltern mitspielen?

Zwar sind Mutter und Vater für kleinere Kinder noch die liebsten, weil vertrautesten Spielkameraden, doch das bedeutet nicht, dass Eltern immer mitspielen müssen. Je größer die Kinder sind, umso mehr brauchen sie nur noch Anregungen und etwas Begleitung.

Ein- bis Zweijährige wollen deshalb oft nicht im Kinderzimmer, sondern im Wohnzimmer spielen, denn sie brauchen ihre Eltern noch in Ruf- und Hörweite. Schickt man ein kleines Kind immer wieder allein ins Kinderzimmer, fühlt es sich ungeliebt oder bestraft.

Eltern müssen aber keineswegs dauernd neben ihrem spielenden Kind sitzen. Es genügt, ab und an zu ihm hinzuschauen und Interesse an dem zu zeigen, was das Kind gerade macht. Kinder müssen auch lernen, allein zu spielen. Es hemmt ihre Entwicklung, wenn sie permanent angeleitet werden.

Natürlich freut sich ein Kind, wenn Eltern mitspielen. Allerdings: Wenn Eltern nicht wirklich Lust zum Spielen haben, sollten sie sich nicht dazu zwingen. Halbherziges und lustloses Mittun kränkt das Kind, denn es fühlt sich nicht ernst genommen. Besser ist es, das Kind spielerisch in einfache Hausarbeiten einzubeziehen. So können auch kleine Kinder schon etwas mit Schaufel und Besen anfangen, sie können einfache Wäschestücke legen oder beim Einräumen von Einkäufen helfen.

Übrigens: »Richtig« spielen – das gibt es nicht! Eltern sollten sich nicht in das Spiel ihres Kindes einmischen, um zu zeigen, wie man etwas »richtig« macht. So fühlen sich Kinder unterlegen, werden entmutigt und verlieren die Lust am Spiel. Je weniger Eltern mit Tipps eingreifen, desto mehr können Kinder selbst entdecken. Und desto häufiger haben sie Gelegenheit, stolz auf das zu sein, was sie erfunden haben.

Spielen ist gesund für Geist und Seele
Spielen ist für Kinder die beste Möglichkeit, eigene Ideen zu entwickeln und Erlebnisse zu verarbeiten. Manches Spiel mögen Eltern merkwürdig finden, aber bei genauem Hinsehen können sie oft Wünsche, Träume und Ängste ihrer Kinder darin sehen oder Erlebtes wiedererkennen.

Sich im Spiel entfalten zu dürfen fördert bei Kindern Kreativität, Konzentration, Ausgeglichenheit und Selbstvertrauen. Heute weiß man: Kinder mit einem hohen Spielquotienten (SQ) – d. h. mit vielen guten Spielerfahrungen – haben die besten Voraussetzungen für einen hohen Intelligenzquotienten (IQ) und eine ausgeprägte emotionale Intelligenz (EQ).

Gibt es spezielles »Lernspielzeug«?

Auch wenn Spielzeughersteller es für sich bzw. für ihre Produkte in Anspruch nehmen: Von speziellem Lernspielzeug kann keine Rede sein. Kinder erfinden ihre eigenen Spiele. Aus jeder Anregung, die sie von ihren Eltern bekommen, machen Kinder eine neue Geschichte. Sie »erfinden« auch Spielsachen, machen aus einem einfachen Holzklotz einen Traktor.

Über die Liebe, die ein Kind zu einem Spielzeug entwickelt, kann man meist keine Vorhersage treffen. Oft sind es einfach Plastikfiguren (die manche Eltern niemals kaufen würden), die den Kindern über Monate Freude machen. Und das teure Holzflugzeug wird kaum angerührt. Eltern sollten sich innerlich darauf einrichten, dass sie mit jedem neuen Spielzeug gewissermaßen einen Versuchsballon starten. In Anzeigenblättern findet man dann das von den Kindern verschmähte Spielzeug oft preisgünstig angeboten (»neuwertig«).

Etwas Ordnung muss sein

Ein mit Spielzeug überladenes Kinderzimmer blockiert jede Kreativität. Gerade für die Basis eines kreativen Spiels gilt: Weniger ist mehr. Ein Kind, das umgeben ist von überquellenden Spielzeugkisten, kann eigentlich gar nicht spielen. Es wird vielleicht hier etwas herausfischen und es bald liegen lassen, um sich dann planlos an anderer Stelle zu bedienen.

Förderlich ist also ein übersichtliches Regal mit Spielzeug – und ein Raum, in dem das Kind sich mit seinen Sachen ausbreiten kann und wo ein Spiel-Szenario mal stehen bleiben kann. Auch ein niedriger Tisch zum Malen ist sinnvoll.

Spielsachen für besondere Fertigkeiten

Gegen Ende des zweiten Lebensjahres kann ein Kind seine Handgelenke drehen, sodass es nun an allen Dingen Freude hat, die man drehen und schrauben kann. Auf solche neu erworbenen Fertigkeiten sollte man beim Spielzeugkauf achten; es geht dabei ja nicht allein darum, das Kind zu fördern, sondern ihm auch die Freude zu machen, seine neuen Fertigkeiten an geeigneten Dingen auszuprobieren. Jetzt mag ein Kind also besonders gern Spielzeug mit abschraubbarem Deckel, geometrische Figuren zum Ineinanderstecken, Formsortierkästchen oder Eimerchen mit verschiedenen Löchern im Deckel, durch die es bestimmte Figuren stecken kann.

Batteriebetriebenes Spielzeug ist umstritten. Die Frage ist auch: Muss das sein? Natürlich ist ein Auto, das von selbst fährt, oder eine Puppe, die Mama sagen kann, faszinierend, aber es ist durchaus denkbar, dass solches Spielzeug die Fantasie eines Kindes nicht anregt, sondern eher lähmt. Wenn man nicht auf solche Spielsachen verzichten möchte, muss sichergestellt sein, dass Knopfbatterien nicht aus dem Produkt fallen bzw. vom Kind herausgenommen werden können. Es wäre ein Fall für den Notarzt, sollte das Kind eine solche Batterie verschlucken.

Wie sieht sicheres Spielzeug aus?

Markenspielzeug ist nach allen Regeln der Kunst auf Sicherheit getestet – und gewissermaßen vorsorglich schon einmal mit der blühenden Fantasie eines Kindes behandelt worden, um zu sehen, ob es dann heil bleibt oder sich in gefährliche Einzelteile zerlegt. Beschädigtes Spielzeug sollte man darauf untersuchen, ob scharfe Ränder entstanden sind oder klaffende Risse, an denen sich ein Kind schneiden oder klemmen kann. Prüfen sollte man beispielsweise auch immer, ob die Augen eines Stofftieres gut befestigt und unzerbrechlich sowie unzerkaubar sind. Ganz wesentlich im zweiten und dritten Lebensjahr: Spielzeug sollte nicht kleiner als vier Zentimeter sein. Kleinteile sind bei Kindern dieser Altersstufe begehrte Objekte, die aus purer Neugier in die Nase, in die Ohren oder in den Mund gesteckt werden.

Können Eltern Spielverderber sein?

Oh ja, sie können! Und zwar vor allem dann, wenn sie sich immer wieder wohlmeinend in das Spiel ihres Kindes einmischen. Auch wenn Eltern gemeinsam mit ihrem Kind spielen, sollten sie nicht immer nur den Fördergedanken im Hinterkopf haben. Wenn ein Kind ein Spielzeug in anderer als der vorgesehenen Weise benutzt, sollte man sich zusammennehmen und es erst einmal gewähren lassen. Es geht beim Spielen nicht darum, intellektuelle Leistungen zu erbringen – es geht um Selbsterfahrung und den Umgang mit der Fantasie. Eltern können stolz darauf sein, wenn ihr Kind ganz ungewöhnliche Spielideen hat. Es hilft, wenn man sich klarmacht: Alle großen Denker und Künstler hatten ungewöhnliche Ideen. Noch dazu – und das ist das Wesentliche! – hatten sie den Mut, diese Ideen der Öffentlichkeit zu präsentieren. Vielleicht haben sie als Hosenmätze die Erfahrung gemacht, dass die Eltern ihnen anerkennend und staunend zulächelten, wenn sie Ungewöhnliches wagten.

Turbo-Förderung richtet Schaden an

Versuche, die Entwicklung eines Kindes zu beschleunigen, wie etwa durch häufiges Üben von Zahlen, Buchstaben oder Worten, sind nicht nur sinnlos, sie drängen einen kleinen Menschen oft in eine Richtung, die seinem Naturell nicht entspricht. Außerdem wird dem Kind häufig das Gefühl vermittelt, es würde nur geliebt, wenn es eine entsprechende Leistung erbringt. Auch so kleine Kinder haben dafür schon Antennen. Wesentlich beim Spielen mit dem Kind sind Begeisterung und Wohlwollen, Unterstützung (aber keine permanente Nachhilfe) und ganz viel Lob.

Spielzeug-Grundausstattung für Kinder im zweiten Lebensjahr

Kinder im zweiten Lebensjahr wollen ihre Geschicklichkeit prüfen, experimentieren und ihre Möglichkeiten wiedererkennen. Dafür eignet sich folgendes Spielzeug in den ersten sechs Monaten des zweiten Lebensjahres gut:

– Spieldosen, die man wie eine Kaffeemühle bedienen kann und die Musik machen, Kinder-Schellen-Tambourine
– Fahrzeuge mit Anhänger, die man beladen kann
– Holzpuzzles
– Bilderbücher, möglichst aus abwaschbarem Material
– Dicke Buntstifte bzw. Wachsmalkreiden
– Becher- oder Ringpyramiden; Stecksätze, die ineinander gebaut oder geschoben werden können
– Wägelchen oder Tiere zum Ziehen

In den zweiten sechs Monaten des zweiten Lebensjahres ahmen Kinder mehr und mehr das Erwachsenenleben nach, spielen aber noch nicht gemeinsam mit anderen Kindern. Dann können Kinder mit diesen Spielsachen besonders viel anfangen:

– Puppen, möglichst aus Kunststoff oder Stoff, die man an- und ausziehen kann

- Hammerbänkchen (aus Holz; zum Einklopfen von Holzstiften)
- Formensortierkästen oder -eimerchen
- Kindertelefon (in das Kinder schon eine Menge zu erzählen haben, schließlich sehen sie das fast täglich bei ihren Eltern)
- Modelliermasse (keine hohen Ansprüche an die fertigen Produkte stellen!)
- einfaches Xylophon oder anderes musikalisches Spielzeug mit wenigen Tönen

Fördern heißt: Herausforderungen nicht aus dem Weg räumen!

Kinder sollen behütet und bestens versorgt aufwachsen. So weit, so gut. Doch für manche Eltern heißt das, dass sie ihren Kindern auch sämtliche Hindernisse aus dem Weg zu räumen versuchen. Und zwar so vorauseilend, dass das Kind kaum eine Chance bekommt, sich überhaupt an Herausforderungen heranzuwagen.

Versuch und Irrtum – Stärkung fürs Leben

Dass Erwachsene alles viel schneller und besser können als ein Kind im zweiten Lebensjahr, ist wohl keine Frage. Doch es hilft einem Kind nicht wirklich, wenn ihm ständig geholfen wird. Ein Kind braucht für seine Entwicklung in Richtung Lebenstüchtigkeit viele trial-and-error-Erlebnisse. Manche Eltern schmerzt der Gedanke, dass sich ihr zartes Kleines so abplagen muss. Dieses Mitgefühl ist verständlich, doch man sollte es unbedingt überwinden und stattdessen die Zuversicht aufbauen, dass das Kind stark genug ist, um auch mit gelegentlichem Frust zurechtzukommen.

Natürlich ist es schwer mitanzusehen, wenn das letzte Holzpuzzleteil einfach nicht an seinen Platz passen will (vielleicht weil das Kind immer wieder versucht, es falsch herum hineinzustecken), und es kribbelt einen in den Fingern, jetzt schnell hinzugreifen. Aber welch ein Glücksgefühl und welch ein Gefühl von Stärke für das Kind, wenn es dann doch endlich klappt! Genau wegen dieses Erfolgserlebnisses nach x Fehlversuchen sollte man dem Kind diese Mühen nicht ersparen.

Das heißt aber nicht, dass Eltern ihre Kinder permanent mit neuen Herausforderungen konfrontieren müssen. Der Alltag bringt genug davon mit sich, da muss man gar nicht extra welche schaffen.

Das Kind fördern, indem man sich selbst fördert ...

Wenn Eltern ihrem Kind alles recht machen wollen, kann das viel damit zu tun haben, dass sie sich selbst einen Gefallen tun möchten. Der größte Wunsch vor allem von Müttern ist es ja, sich als gute Mutter zu fühlen. Die Bedürfnisse des Kindes nach Orientierung, einem geregelten Leben mit festen Zeiten und klaren Grenzen geraten dabei mitunter ziemlich aus dem Blick.

Niemand wird Eltern in dieser Hinsicht Vorwürfe machen, denn sehr häufig steckt hinter dem Wunsch, seinem Kind eine paradiesische Kindheit zu bescheren, eine Art Wiedergutmachung an sich selbst. Erwachsene, die als Kinder mit Liebesentzug bestraft, mit herabwürdigendem Tadel gedemütigt und durch Ignoranz im Stich gelassen worden sind, wollen diese Verletzungen bei sich selbst heilen – über den Umweg einer besonders sanften, einfühlsamen Erziehung.

Doch leider tun Eltern damit ihren Kindern keinen Gefallen. Und auch sich nicht, denn alte Wunden lassen sich nicht nach dem Motto heilen »Du sollst es einmal besser haben!« Kinder brauchen auch Frustrationen, denn die Welt ist nun mal nicht besonders freigebig und zuvorkommend.

Einen Mangel an Selbstbewusstsein geben Eltern häufig an ihre Kinder weiter. Deshalb sollten Eltern zur Förderung des Selbstbewusstseins ihres Kindes auch an sich selbst arbeiten. Denn Menschen mit geringem Selbstvertrauen tun sich schwer, ihren Kindern klare Grenzen zu setzen. Sie wollen vielleicht

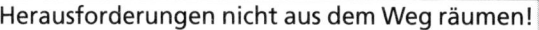

zwar konsequent sein und haben auch verstanden, dass es in der Erziehung ohne Grenzen und Orientierung nicht geht, aber ihnen fehlt letztlich die Kraft, das auch »durchzuziehen«.

Der Hintergrund: Erwachsene mit geringem Selbstbewusstsein haben große Sehnsucht nach Liebe und Anerkennung und wollen diese auch von ihren Kindern haben. So leben sie im Glauben, dass sie vor allem dann »gute« Eltern sind, wenn sie ihrem Kind möglichst nichts abschlagen und sich hauptsächlich nach dessen Willen richten. Doch das kann natürlich nicht gut gehen. Solche Kinder werden höchstwahrscheinlich Schwierigkeiten im Leben haben, weil es ihnen an innerer Orientierung fehlt. Die innere Orientierung eines Menschen basiert auf dem, was er im Elternhaus in seinen frühen Kindertagen gelernt hat.

Deshalb sollten Eltern immer auch an sich arbeiten und emotional gut für sich selbst sorgen. Sie sollten sich fragen, wie sehr sie vom Gemocht-Werden durch andere abhängig sind. Sagen sie es im Restaurant, wenn das Essen nicht geschmeckt hat? Reden sie mit ihrem Friseur, wenn der letzte Schnitt einfach nicht saß? Rufen sie bei den Nachbarn an, wenn es das dritte Wochenende in Folge bis früh um vier hoch hergeht? Menschen, die sich nie zur Wehr setzen, sind meist nicht besonders friedfertig, sondern haben vor allem Angst, nicht mehr gemocht zu werden, wenn sie mal ihre Meinung sagen. Doch man kann üben, in sich so stabil zu werden und sich selbst in solchem Maß zu mögen, dass man nicht mehr davon abhängig ist, »everybody's darling« zu sein.

Eltern, die in dieser Weise in sich ruhen, werden ihr Kind niemals nach dem Motto erziehen: Liebe gibt's nur für Lieb-Sein. Sie können damit leben, dass ihr Kind anderer Meinung ist als sie (siehe Kapitel »Die Trotzphase«, Seite 81 ff.) und sie glauben nicht daran, dass eine gelungene Elternschaft vor allem darin besteht, dem Kind eine vermeintliche Schlaraffenland-Kindheit geschenkt zu haben. Sie bieten ihrem Kind vielmehr eine optimale Lebensförderung mit Halt und Geborgenheit.

KLEINE UND GRÖSSERE SORGEN

Probleme sind dazu da, gelöst zu werden. Unter diesem Motto sollten Eltern das zweite Lebensjahr ihres Kindes betrachten, das bestimmt wird vom Laufenlernen und von Kletterpartien sowie von glücklicherweise meist kleinen Malheurs. Es ist bekanntlich alles Übungssache und ein kleines Kind muss noch viel üben. Üben muss auch das Immunsystem und so ist es nicht weiter verwunderlich, dass das Kind sich jeden Infekt holt, mit dessen Erreger es in Kontakt kommt. Auch das ist kein Grund zur Beunruhigung. Was Eltern jetzt vor allem brauchen, ist Gelassenheit und Zuversicht, dass aus den kleinen Sorgen keine großen werden.

Alltägliche Katastrophen

Im Alltag mit kleinen Kindern können so viele Missgeschicke passieren, dass man es manchmal nicht glauben mag. Viele Eltern erleben z. B. das: Sie gehen nur mal rasch auf den Hausflur oder auf den Balkon – und patsch! – es fliegt die Tür ins Schloss und sie stehen draußen ... Sofort schießen der ausgesperrten Mutter oder dem Vater die schrecklichsten Fragen und Szenen durch den Kopf wie »Habe ich die Herdplatte ausgemacht?« – »Sind alle Fenster geschlossen?« – »Stehen keine Putzmittel am Boden?« – »Wird mein Kind das Messer nehmen, das auf dem Küchentisch liegt?«

Hinter der Tür weint womöglich das Kind und versteht gar nicht, was da passiert ist. Es ist noch zu klein, um die Tür wieder zu öffnen. Wie gut, wenn ein Nachbar einen Wohnungsschlüssel hat oder die Rufe vom Balkon hört ...

Weise Voraussicht bewahrt vor Schlimmerem

Es versteht sich fast von selbst, dass man ein kleines Kind in bestimmten Situationen keine Sekunde allein lässt: wenn es in der Badewanne sitzt, wenn sich brennende Kerzen im Raum befinden, wenn es auf dem Balkon spielt, wenn es sich auf einem

Spielplatz mit Klettergeräten, Schaukeln und anderen Geräten befindet, wenn man an einer Autobahnraststätte aussteigt, wenn man sich auf einer Kirmes vergnügt, wenn man im Gebirge unterwegs ist, wenn man Badefreuden frönt ...

Sehr viel Umsicht ist auch erforderlich, wenn man Kinder im Auto mitnimmt. Nicht nur die Frage des sicheren Anschnallens spielt hier eine Rolle. Niemals sollte man das Kind in der Einfahrt warten lassen, wenn man das Auto aus der Garage holt. Immer wieder werden Kinder von Angehörigen überfahren. Kinder sollte man auch nicht allein im geparkten Wagen lassen. Sie sind im zweiten Lebensjahr groß genug, um sich womöglich aus ihrem Sitz zu befreien und Unsinn (z. B. Handbremse lösen) anzustellen. Überhaupt ist das Auto kein Spielplatz. Kinder haben sich schon kraft Zentralverriegelung eingeschlossen – den Schlüssel natürlich dazu – und waren nicht in der Lage, das Problem wieder zu lösen. Schlüssel für Innentüren wie Küchen- oder Wohnzimmertür sind überflüssig. Am besten abziehen und sicher verwahren. Ein drehbarer Riegel an der Toilettentür lässt sich auch von außen öffnen.

Ganz allgemein gesprochen sollte jeder, der ein kleines Kind hat, es sich zur Gewohnheit machen, nur mit dem entsprechenden Schlüssel aus der Wohnung oder aus dem Haus zu gehen und möglichst stets ein Handy mit sich herumzutragen.

Alltagswehwehchen

Auch kleine Kinder fühlen sich hin und wieder nicht so richtig wohl, ohne deshalb gleich krank zu sein. Da ist es gut zu wissen, wie man rasch und sanft helfen kann.

Appetitmangel

Warum isst mein Kind so wenig? Diese Frage beschäftigt sehr viele Eltern – davon können Kinderärzte ein Lied singen. In aller Regel besteht jedoch kein Grund zur Besorgnis. Meist handelt es sich um eine vorübergehende Phase, der man keine Bedeutung zumessen muss, nur in seltenen Fällen hat Essensverweigerung organische oder psychische Gründe.

Appetitlosigkeit ist – das wissen die meisten Eltern – eine unvermeidliche Begleiterscheinung von fiebrigen Infekten. Während man zu Urgroßmutters Zeiten ein krankes Kind zum Essen nötigte, damit es nicht an Kraft verliert, weiß man heute, dass dies den Vorgängen im kranken Organismus absolut zuwiderläuft. Das Immunsystem bietet seine gesamte Energie auf, um mit den Krankheitserregern fertig zu werden – da ist Verdauungsarbeit das Letzte, worauf der Körper Wert legt. Darm und Immunsystem stehen in engster Verbindung, deshalb ist Appetitlosigkeit während eines Infekts sogar ein Zeichen für einen gesunden, funktionierenden Organismus.

Bei Kindern im zweiten Lebensjahr ist die Gefahr der Austrocknung während eines fieberhaften Infekts noch immer viel größer als die der Abmagerung. Deshalb ist das regelmäßige Anbieten von Flüssigkeit in kranken wie in gesunden Tagen das A und O.

Vielfach ist Appetitmangel darauf zurückzuführen, dass Eltern eine falsche Vorstellung davon haben, wie viel Kinder im zweiten Lebensjahr essen sollten. Sie bieten ihren Sprösslingen in kurzen Abständen immer wieder etwas zu essen an. »Wenn Eltern ständig in Sorge um die Verköstigung ihrer Kinder sind und ihnen die Nahrung förmlich aufdrängen, dann reagieren diese auf den Überfluss oft mit Verweigerung«, schreiben die Ärztinnen Heike Kovács und Susanne Linder in ihrem Nachschlagewerk ›Kinderkrankheiten erkennen und behandeln‹. Weiter: »Außerdem bekommen sie häufig die falschen Lebensmittel zu essen und werden mit Süßigkeiten voll gestopft. Viele Kinder benutzen die Ablehnung der Nahrung unbewusst als Druckmittel.« Als Süßigkeiten gelten übrigens auch viele der Nahrungsmittel, die als besonders kindgerecht angeboten werden (siehe dazu auch Seite 49 im Kapitel »Ernährung«).

Um sich nicht unnötig große Sorgen zu machen, sollte man bedenken: Die meisten Kinder kommen mit einem ganz bestimmten »Appetit-Maß« auf die Welt, an dem auch die leckerste bzw. die einfachste Küche nichts ändern kann. Aus eigener Erfahrung weiß ich, dass dies selbst bei Zwillingen der Fall sein kann. Während einer meiner beiden Zwillingssöhne sich schon kurz nach der Geburt hungrig das Fäustchen in den Mund schob und beim Stillen entsprechend »zulangte«, nuckelte der andere eher desinteressiert an der Brust und schlief regelmäßig während der Stillmahlzeit ein. Heute – 15 Jahre später – hat sich am Appetit-Maß meiner Zwillinge kaum etwas geändert. Sie sind beide kerngesund, der eine »haut rein«, der andere vergisst Mahlzeiten einfach. Der eine ein gemütvoller Bär mit breitem Rücken, der andere (einen Kopf kleiner, 16 Kilo leichter) ein drahtiger, quirliger Luftikus.

Wissenschaftler haben Untersuchungen zum kindlichen Essverhalten gemacht und herausgefunden, dass fast alle Kinder sich ausreichend und gesund ernähren, wenn man ihnen genügend Auswahl anbietet. Nun kann man einem Kind im zweiten Lebensjahr kein Büfett präsentieren; es wäre mit einer Auswahl auch überfordert. Aber man kann einen Speiseplan zusammenstellen, der vielfältig ist, sodass das Kind von allen notwendigen Nähr- und Vitalstoffen ausreichende Mengen bekommt. Darüber hinaus sollte man mehr dem Kind selbst als seinem Essverhalten Aufmerksamkeit schenken. Kinder, deren Eltern ständig mit ihren eigenen Gedanken befasst sind oder während der Mahlzeiten nicht für eine entspannte Atmosphäre sorgen können, essen häufig schlecht. Herrscht eine warme, fröhliche Stimmung in einer Familie und wird dem Thema Essen kein allzu hoher Stellenwert beigemessen, dürfen Kinder ungestört ihr eigenes Appetit-Maß haben und gedeihen dabei prächtig.

Rasche Gewichtsabnahme ist alarmierend!
Zwar sollte man ein kleines Kind nicht täglich auf die Waage stellen, aber gegen eine 14-tägige Gewichtskontrolle ist nichts einzuwenden. Gewichtsschwankungen von 500 bis 800 g sind noch normal. Die Hauptsache ist, dass sich nicht eine Tendenz nach oben oder unten abzeichnet. Alarmiert sollten Eltern sein, wenn ein Kind binnen ein bis zwei Wochen – ohne dass ein Infekt vorgelegen hat – mehr als ein Kilogramm abgenommen hat.

Verstopfung

Nicht nur chronische Bürohocker oder Fernsehkonsumenten, sondern auch kleine Kinder, die sich den ganzen Tag bewegen, können Verstopfung haben. Krank ist das Kind deshalb selten. Meist stecken andere, oft rasch behebbare Probleme dahinter:

- Das Kind bekommt nicht genügend Ballaststoffe in seiner Ernährung. Man sollte also darauf achten, dass viel Vollkornprodukte, Obst und Gemüse auf den Tisch kommen.
- Das Kind trinkt zu wenig, meist weil es zu wenig angeboten bekommt.
- Das Kind hat zu viel Stress um sich herum. Damit ist nicht unbedingt hektisches Gewusel der Familienmitglieder gemeint, sondern belastende Lebenssituationen wie etwa eine strenge Sauberkeitserziehung, der kaum vorbereitete berufliche Wiedereinstieg der Mutter bzw. die Gewöhnung an eine Tagesmutter oder die Ankunft eines Geschwisters.
- Das Kind hat Schmerzen beim Stuhlgang. Dies ist ein Teufelskreis, denn ein einmal etwas härterer Stuhl kann in der empfindlichen Afterschleimhaut winzig kleine Risse hinterlassen. Aus Angst vor neuerlichen Schmerzen schieben die Kinder den Toilettengang immer weiter hinaus. In der Zwischenzeit dickt der Darm den Stuhl mehr und mehr ein, d. h., er entzieht ihm Flüssigkeit – weitere Verhärtung ist die Folge. Weil

es ja doch irgendwann zur Entleerung kommen muss, wird nun dieser harte Stuhl durch die zarte Öffnung gepresst und es entsteht unter Umständen ein ordentlicher Riss, eine so genannte Analfissur. So etwas tut sehr weh und ist oft nur vom Fachmann zu erkennen. Zur Behandlung einer solchen Fissur muss man viel Geduld aufbringen. Mit speziellen Salben und Sitzbädern (mit Zusätzen von Kamille, Eichenrinde oder Hamamelis) wird allmählich Linderung herbeigeführt. Wichtig ist natürlich auch hier zu prüfen, ob die Nahrung genügend Ballaststoffe (Weißmehlprodukte und Schokolade sollten unter diesen Umständen tabu sein) enthält und ob das Kind genügend Flüssigkeit (schwach gesüßte Früchte- oder Kräutertees, Mineralwasser mit etwas Kohlensäure, denn Kohlensäure regt die Darmtätigkeit an) aufnimmt. Im Extremfall, wenn also das Kind vor lauter Angst gar nicht mehr auf die Toilette gehen kann oder vielleicht trotz Pressens den Darm nicht entleeren kann, sollte man Glyzerinzäpfchen oder Einmalklistiere aus der Apotheke besorgen.

Ein bewährtes Mittel bei Verstopfung ist auch die Massage nach F. X. Mayr. Dabei wird mit den ausgestreckten Fingern einer Hand am rechten Unterbauch des Kindes angesetzt. Nun wird mit leichtem Druck im Uhrzeigersinn in Richtung Rippenbogen gestrichen. Man endet bei etwa »fünf Uhr« und beginnt nun den Weg von vorn. Das nennt man »Rahmenausstreichen«. Wenn man die Finger mit etwas Körperöl benetzt, wird die Massage für das Kind noch angenehmer.

In seltenen Fällen steckt hinter einer Verstopfung eine Kuhmilch-Unverträglichkeit. Wenn also alle vorgeschlagenen Maßnahmen keine Wirkung zeigen, sollte man es einmal mit Sojamilch versuchen.

Durchfall

Neben Schnupfen und Husten ist Durchfall der häufigste Grund, aus dem Eltern mit ihrem Kleinkind den Arzt aufsuchen. Die Statistik weist aus, dass die Hälfte aller Kinder in den ersten zweieinhalb Lebensjahren mindestens einmal an einem akuten Durchfall leidet.

Die Ursache ist meist ein Infekt, viel seltener liegt es an der Nahrung. Es kann schon einmal sein, dass der kleine Magen mit einer bestimmten Kost nicht fertig wird, sie also nur unzureichend mit seiner Magensäure bearbeiten kann, sodass Nahrungsbestandteile unverdaut in den Dünndarm gelangen, wo sich Bakterien ihrer annehmen. Kohlenhydrate beginnen zu gären, Eiweiß beginnt zu faulen. Beides führt zu Durchfall.

Am häufigsten ist für Durchfall im Kleinkindalter der Rota-Virus verantwortlich. Zwar können auch bestimmte Bakterien (etwa Salmonellen), aber auch Pilze und Parasiten Durchfall auslösen, doch das ist eher selten. In manchen Fällen stecken bestimmte Nahrungsmittelunverträglichkeiten oder Stoffwechselstörungen hinter der Störung der Darmfunktion, ganz selten liegen Immundefekte vor oder angeborene Fehlbildungen des Verdauungstrakts. Sogar in Verbindung mit einem Atemwegsinfekt, einer Mittelohrentzündung oder einem Harnwegsinfekt kann das sensible Verdauungssystem von Kleinkindern mit Durchfall reagieren.

Ein Durchfall kann sich quasi von einer Minute auf die andere bemerkbar machen, er kann sich aber auch allmählich entwickeln. Oft gibt es im letzteren Fall eine Art Vorspann: Die Kinder haben wenig Appetit, haben keine Lust zu spielen und sind unleidlich. Egal, ob der Durchfall rasch gekommen ist oder mit gemäßigten Schritten – wichtig ist, dass das Kind keinen allzu großen Flüssigkeitsverlust erleidet. Ein so junger Organismus verkraftet einen Flüssigkeitsverlust deutlich schwerer als ein etwas reiferer. Mit dem wässrigen Durchfall werden auch Elektrolyte, also lebenswichtige Mineralien ausgeschieden und die müssen so bald als möglich ersetzt werden. Dafür gibt es in der Apotheke Fertigmischungen von Elektrolytlösungen, die exakt auf die Bedürfnisse des kindlichen Organismus abgestimmt sind. Kann man solche Präparate nicht besorgen, beispielsweise weil man sich mit der Familie gerade im Auslandsurlaub befindet, kann man eine Elektrolytlösung auch selbst mischen. Dazu braucht man 100 Milliliter abgekochtes Wasser, dem man einen Teelöffel Zucker (möglichst Traubenzucker) und eine Messerspitze Salz hinzufügt. Wenn diese Lösung dem Kind nicht schmeckt, kann man sie mit etwas Orangensaft verfeinern.

Die Darmwand wird durch die Krankheitserreger geschädigt, die fast gebirgig aussehende Darmschleimhaut flacht ab und kann immer weniger Nährstoffe und Flüssigkeit aufnehmen – so kommt es zu der schlechten Verfassung, in der sich die meisten Kinder mit akutem Durchfall befinden. Deshalb gilt die Regel: Kinder bis zum Ende des zweiten Lebensjahres, die an Durchfall leiden, sollten möglichst schnell in ärztliche Behandlung gelangen.

Durchfallmittel, wie man sie Erwachsenen gibt, werden Kindern meist nicht verordnet. Zur Beruhigung des »aufgewühlten« Darmes gibt es so genannte Motilitätshemmer, die aber wegen ihrer Nebenwirkungen insbesondere für kleine Kinder nicht geeignet sind. Gut verträglich sind dagegen spezielle Pflanzenpräparate, die die körpereigenen Mechanismen der Darmhemmung anregen. Sie können altersgerecht dosiert und auch zur Vorbeugung eingesetzt werden.

Entgegen der früheren Empfehlung, dass nach einer Durchfallerkrankung die normale Ernährung erst allmählich wieder aufgebaut werden müsse, raten Kinderärzte heute dazu, Kindern so bald wie möglich die gewohnte Kost zukommen zu lassen. Zu Anfang wird man mit Obst, vor allem Südfrüchten, noch etwas zurückhaltend sein, denn die gereizte Afterschleimhaut und -umgebung könnte durch die in diesem Obst enthaltenen

Säuren sehr wehtun. Wichtig ist auch, dass man eine mäßig gesalzene Kost anbietet, also etwa Knäckebrot, Grissini, Reis, Nudeln, Kartoffelbrei.

Was Cola betrifft: Da gehen die Meinungen sehr auseinander. Cola enthält wenig Mineralstoffe, viel Zucker und dazu noch Koffein, das die Darmtätigkeit anregt. Etwas besser wäre also mit Mineralwasser verdünntes Cola. Noch besser wären aber Karottensuppe, Tomatensaft oder Tees mit krampflösenden Wirkstoffen wie Kamille, Anis oder Pfefferminz.

Kann man Durchfall vorbeugen?

Dem durch Viren ausgelösten Durchfall kann man kaum vorbeugen. Eine wichtige Maßnahme: häufiges Händewaschen. Der Ausbreitung von bakteriellen Durchfallerregern kann man sehr wohl einen Riegel vorschieben. Küchenhygiene ist das A und O, wenn man eine Infektion wie etwa durch Salmonellen verhindern möchte:

– Vor jeder Küchenarbeit und zwischen den Arbeitsgängen sollte man sich die Hände waschen.

– Taut man Geflügel auf (im Kühlschrank!), dann immer in einer Schüssel, die die entstehende Flüssigkeit auffängt. Das Auftauwasser muss unbedingt weggeschüttet werden. Alles, was mit dem Geflügel in Berührung gekommen ist, muss heiß abgewaschen werden. Holzbretter sind für die Zubereitung von Geflügel ungeeignet oder müssen nach ihrem Einsatz mit kochendem Wasser überbrüht werden.

– Hackfleisch nicht lagern; es muss am Herstellungstag durchgegart werden.

– Für Speisen mit rohen Eiern gilt: Man sollte nur bei einem Händler seines Vertrauens kaufen. Eine mit rohen Eiern zubereitete Speise gehört sofort in den Kühlschrank und sollte möglichst am selben Tag verzehrt werden. Länger als einen Tag sollte man das Gericht nicht aufheben.

- Eier abschrecken ist out, vor allem bei Fünf-Minuten-Eiern. Die Hitze sollte nachwirken können.
- Fleisch medium ist ebenfalls eher mit Vorsicht zu genießen.

Kinder zwischen acht Monaten und drei Jahren haben immer wieder mal einige Tage breiige und dünnflüssige Stühle, in denen Nahrungsbestandteile »unbearbeitet« wieder zu Tage kommen. Die Kinder fühlen sich dabei nicht krank. Fast immer steckt hinter diesem Phänomen kein Krankheitserreger, sondern das so genannte irritable Kolon, also ein leicht irritierbarer Darm. Die Nahrung wird bei diesem Syndrom nicht innerhalb von etwa 27 Stunden durch den Darm geschleust, sondern in der Hälfte der Zeit. Der Darm hat also gar nicht die Zeit, den Stuhl richtig einzudicken.

Manchmal hat das Kind auch mit großem Durst viel kalte Flüssigkeit getrunken, manchmal macht dem Darm der hohe Fruchtzuckergehalt von Apfel- oder Birnensaft zu schaffen, denn der wird von einigen Kindern nur unvollständig verdaut. Dünner Stuhl oder Durchfall sind die Folge. Im Alter von drei Jahren ist eine möglicherweise vorhandene Durchfallneigung meist überstanden.

Massage gegen Bauchweh

Kleine Kinder genießen das Privileg, sich noch als Nabel der Welt fühlen zu dürfen. Ob sie deshalb auch immer dann Bauchweh haben, wenn in ihrer kleinen Welt etwas aus dem Lot geraten ist? Wie dem auch sei – Mutters oder Vaters Hände können bei diesen eher harmlosen Bauchschmerzen wie auch bei jenen, die Folge von Verstopfung oder Blähungen sind, kleine (Welt-) Wunder vollbringen. Leider trauen sich viele Eltern eine solche Massage nicht zu. Das ist verständlich, denn »irgendwie« auf einem Kinderbauch herumzustreichen oder zu kneten kann nicht Sinn der Sache sein.

Doch so schwierig ist eine Bauchmassage nicht. Es gibt vier Techniken:

– *Rahmenausstreichen:* Zeige-, Mittel- und Ringfinger im rechten Unterbauch aufsetzen und mit leichtem Druck im Uhrzeigersinn einen Dreiviertelkreis beschreiben. Die Finger streichen also über den Oberbauch nach links und kommen schließlich im linken Unterbauch an. Dient der Unterstützung des Stuhltransports und der besseren Durchblutung des Darms.

– *Nabelkneten:* Die Handfläche wird mit leichtem Druck auf den Nabel gelegt. Nun macht man Bewegungen, als wolle man etwas greifen. Dabei kommt es automatisch zu einer sanften Knetmassage. Fördert die Durchblutung und Aktivität des Dünndarms.

– *Flankenwackeln:* Beide Hände etwa in Taillenhöhe des Kindes unter seine Flanken schieben. Nun mit lockeren, rhythmischen Bewegungen den Bauch zum Wackeln bringen. Auf jeder Seite etwa drei bis fünf Minuten durchführen. Regt die Motorik des Dickdarms an.

– *Organdrücken:* Die Finger der ausgestreckten Hand werden in kurzen Abständen vorsichtig mal rechts, mal links unter den Rippenbogen gedrückt. Fördert die Arbeit von Galle, Milz und Leber.

Sobald einem Kind etwas an diesen Massagen unangenehm ist, sollte man damit aufhören. Und noch etwas gilt es zu berücksichtigen: Bauchschmerzen können unzählige, in seltenen Fällen auch ernste Ursachen haben. Kommen zum Bauchschmerz andere Symptome hinzu wie Fieber, Übelkeit, Erbrechen, Weinerlichkeit, Blässe, Lustlosigkeit – bringen Sie Ihr Kind sicherheitshalber zum Arzt!

Blasses Kind – krankes Kind?

In den Herbst- und Wintermonaten sind manche Kinder besonders blass. Vielen fehlt ganz einfach Bewegung an frischer Luft (das hebt den Blutdruck) und ein wenig Sonne. Bei kleineren Kindern steckt oft eine erhöhte Infektanfälligkeit in der kühlen Jahreszeit hinter der fahlen Gesichtsfarbe (Infektanämie).

Wer das ganze Jahr über blass ist, hat meist einfach von Natur aus »tiefer gelegte« Gefäße, so dass das Blut kaum durchschimmert. Hat sich die Blässe über Wochen und Monate mehr und mehr etabliert, könnte eine Eisenmangelanämie dahinter stecken. Zusatzsymptome sind hier blasse Lippen und Augen-Bindehäute sowie eine verlangsamte Rückkehr des Blutes, wenn man auf Finger- oder Fußnägel drückt. Mit Eisenpräparaten werden die entleerten Eisenspeicher wieder aufgefüllt. Dann kann das Blut wieder den eisenhaltigen Farbstoff (Hämoglobin) bilden, der auch den Sauerstoff transportiert. Eine Eisenmangelanämie ist bei Kindern im zweiten Lebensjahr selten und hat häufig einen krankhaften Hintergrund. Allerdings kann auch eine streng vegetarische Kost, von der Ärzte bei Kleinkindern dringend abraten, die Ursache sein. Wenn Erwachsene kein Fleisch essen und somit wenig Eisen aufnehmen, so hat dies längst nicht solche Auswirkungen wie bei einem Kind, das sich in einer rasanten körperlichen und mentalen Entwicklung befindet.

Es gibt noch einige andere (aber viel seltenere) Ursachen für Blässe, wie etwa schnelles Wachstum, innere Blutungen oder ernste Erkrankungen des Blutes. Ist ein Kind nicht nur tagelang auffallend blass, sondern gesellen sich zu diesem Symptom auch noch Müdigkeit, Lustlosigkeit und Quengeligkeit, dann sollte man umgehend den Kinderarzt aufsuchen.

Diese ewigen Erkältungen ...!

»Rotznasen« werden kleine Kinder auch genannt – ein unmissverständlicher Hinweis darauf, dass es im frühen Kindesalter fast an der Tagesordnung ist, eine laufende Nase zu haben. Kein Grund zur Sorge: Das Immunsystem muss noch üben, es hat noch nicht die Abwehrkraft wie bei größeren Kindern und Erwachsenen.

Schnupfen: Harmlos, aber lästig

Ein berühmter Wissenschaftler soll einmal geklagt haben: »Die Menschen landen auf dem Mond, aber ein effektives Mittel gegen Schnupfen haben sie immer noch nicht!« Die Schnupfenviren, die die Nasenschleimhaut anschwellen lassen und dadurch die Atmung erschweren, verändern sich ständig. So kann das Immunsystem nicht ein für allemal Antikörper gegen den Schnupfen bilden – wie etwa gegen das Windpockenvirus, gegen das eine lebenslange Immunität erreicht wird. Mit anderen Worten: Ob ein Jahr alt oder 81 – Schnupfen bekommt man immer wieder.

Gegen die Verdickung der Nasenschleimhaut helfen abschwellende Nasentropfen, zu denen meist auch der Kinderarzt rät. Man sollte darauf achten, dass ein solches Präparat neben der abschwellenden Substanz auch eine feuchtigkeitsspendende, schleimhautpflegende Substanz enthält. Nachgewiesenermaßen geht die Genesung der Nasenschleimhaut mit diesen Kombipräparaten rascher voran.

Gut wirksam sind auch Salzlösungen, die man am besten per Dosierspray verabreicht. Zur Herstellung einer 0,9-prozentigen Kochsalzlösung (isotonisch = dem Salz-Wasser-Haushalt im Körper entsprechend) löst man 9 g Kochsalz in 1 l abgekochtem Wasser. Diese Lösung kann man drei- bis fünfmal am Tag verabreichen. Hat man nur eine Pipette zur Verfügung, so dosiert man pro Nasenloch zwei bis drei Tropfen. Man kann ein pharmazeu-

tisches Nasenspray auch nur für die Nacht benutzen, da erfahrungsgemäß die Schleimhautschwellung am Abend und im Liegen stärker wird.

Husten: Nur störend oder auch gefährlich?

Eltern leiden mit, wenn ihr Kind Husten hat. Husten ist anstrengend und tut weh. Durch Entzündungssubstanzen werden Rezeptoren in den Luftwegen gereizt. Diese Rezeptoren machen Meldung an das Atem- bzw. an das Hustenzentrum. Das sitzt im Stammhirn und gibt den Befehl: Luftweg reinigen! Daraufhin zieht sich die Atemmuskulatur am Brustkorb zusammen und versucht das Bronchialsystem zu entleeren. Man weiß heute, dass dieses Herausbefördern von Schleim mit teilweise 900 Stundenkilometern vonstatten geht – das zeigt, welche Kräfte der Körper aufbringen muss.

Noch vor zirka 15 Jahren war Codein das Mittel der Wahl, eine Substanz aus Opium, die das Hustenzentrum dämpfte. Die Nachrichten der Rezeptoren kamen also nur leise im Stammhirn an, sodass weniger Hustenbefehle an die Atemmuskulatur gegeben wurden. Heute ist das überholt: Man gibt Wirkstoffe, die die Rezeptoren dämpfen. Hustensäfte, die man für die Behandlung kleiner Kinder empfehlen kann, dämpfen aber nicht nur die Rezeptoren, sondern tragen insgesamt zur Normalisierung der Beschaffenheit des Schleims bei, damit dieser besser abgehustet werden kann. Sie unterstützen die Aktivität der feinen Härchen in den Luftwegen, die für den Abtransport des Schleims zuständig sind und sie lindern das Kratzgefühl im Hals und im Brustbereich.

Der »ganz normale« Husten ist oft schon eine Qual für ein Kind, doch es gibt auch eine Hustenform, die lebensgefährlich werden kann. Es ist der so genannte Krupphusten, der im Zuge einer Virusinfektion, also eines banalen grippalen Infekts auftreten kann. Besonders häufig tritt diese auch als Pseudokrupp bezeichnete Erkrankung im Herbst und Winter bei nasskalter

Witterung auf. Kinder zwischen sechs Monaten und sechs Jahren sind in erster Linie davon betroffen.

Es handelt sich beim Pseudokrupp um eine Kehlkopfentzündung mit Schleimhautschwellung unterhalb der Stimmbänder. Durch die Schwellung werden die Atemwege verengt, was besonders bei Kleinkindern gefährlich ist, bei denen noch sehr enge anatomische Verhältnisse im Kehlkopfbereich vorliegen. Eine Schleimhautschwellung kann die Atmung in einem bedrohlichen Ausmaß beeinträchtigen.

Typische Symptome sind ein trockener, bellender Husten, Heiserkeit und ein pfeifender Atem. Lindernde Maßnahmen: Raumluft anfeuchten (Fenster weit öffnen, eventuell nasse Handtücher im Zimmer aufhängen, mit dem Kind auf dem Arm ins Bad gehen und die Warmwasserhähne aufdrehen) oder an die kühle Luft gehen (vorausgesetzt, man wohnt nicht an einer Hauptverkehrsstraße). Wichtig ist auch, dass man das Kind beruhigt. Viele Kinder sind durch den Husten einerseits erschöpft, andererseits durch die erschwerte Atmung unruhig.

Bringen die beschriebenen Maßnahmen keine Linderung oder wird die Atemnot gar stärker, sollte man den Arzt holen. Er wird mit einem Kortisonzäpfchen für ein Abklingen der Kehlkopfentzündung sorgen, was auch eine rasche Abschwellung der Schleimhaut mit sich bringt.

Manchmal geht es nicht ohne Kortison

Viele Eltern tragen noch die Vorurteile gegen Kortison mit sich herum, die in den 60er Jahren sicher ihre Berechtigung hatten. Zum einen setzte man damals dieses vermeintliche Allround-Wundermittel gegen alle möglichen Erkrankungen, manchmal auch gegen banale Wehwehchen ein. Zum anderen waren die damals verfügbaren Präparate so dosiert und pharmazeutisch zubereitet, dass vor allem bei langfristiger Anwendung massive Nebenwirkungen nicht ausbleiben konnten. Gefürchtet waren vor allem die Schwächung des Immunsystems, die Entwicklung

einer Abhängigkeit, schlechte Wundheilung, Wachstumsstörungen und Fettansatz.

Heute setzt man Kortison bei Kindern vor allem bei schwerer Bronchitis mit Verengung der Luftwege (auch und besonders bei Säuglingen und Kleinkindern), bei Asthma und gelegentlich bei hartnäckigen Hauterkankungen ein. Geradezu ideal für Asthmatiker sind Inhalationen (mit Inhaliergerät) oder Dosiersprays, bei denen man nur winzige Mengen Kortison benötigt, um eine deutliche Linderung zu erzielen. Auch die Hautsalben, die übrigens keineswegs immer täglich aufgetragen werden müssen, rufen heute kaum noch Nebenwirkungen hervor.

Selbstverständlich setzt niemand leichtfertig Kortison ein und viele Kinderärzte versuchen heute, mit einer naturheilkundlich orientierten Therapie so weit wie möglich zu kommen. Doch das geht eben nicht bei jedem Kind. Man muss auch wissen, dass man mit Hilfe von Kortison eine Spirale außer Kraft setzen kann, die andernfalls bleibende Schäden hinterlassen würde. Bei der Kortison-Behandlung von Asthma geht es beispielsweise nicht zuletzt darum zu verhindern, dass die Lungenbläschen durch die ständigen Attacken funktionsuntüchtig werden und mit den Jahren ein Lungenemphysem (unheilbare Lungenveränderung mit ständiger Atemnot) entsteht. Kommen die Kinder ins Erwachsenenalter, ist das Schlimmste meist überstanden – dank Kortison ohne üble (bleibende) Erinnerungen an die Kindheit.

Lungenentzündung: Oft spät erkannt

»Lungenentzündung« ist ein dramatisches Wort. Immer wieder liest man auch heute noch, dass vor allem ältere Menschen an einer Lungenentzündung sterben können.

Bei kleinen Kindern kommen Lungenentzündungen häufig vor, sind aber höchst selten lebensbedrohlich. Die Symptome sind oft gar nicht so alarmierend und manche Eltern sind erschrocken, wenn der Arzt ihnen sagt, dass ihr Kind eine Lungenentzündung hat.

Meist wird eine Lungenentzündung von Viren ausgelöst, seltener von Bakterien. Allerdings gibt es häufig eine so genannte bakterielle Superinfektion, d. h., zu der Virusinfektion ist eine bakterielle hinzugekommen; das geschwächte Immunsystem konnte die Bakterien nicht mehr abwehren.

Oft führt eine verschleppte Erkältung zur Lungenentzündung. In den meisten Fällen geht ihr also ein Infekt der oberen Luftwege oder eine Bronchitis voraus. Alarmzeichen sind: schmerzhafter (hinter dem Brustbein sitzender) Husten, Fieber, schneller Puls, Schwäche, Lustlosigkeit, flache Atmung. Der Arzt wird meist an den Geräuschen, die er mit dem Stethoskop wahrnehmen kann, erkennen, ob es sich um eine Lungenentzündung handelt.

Zwar ist diese Krankheit mit Medikamenten gut zu behandeln, doch man muss darauf achten, dass sich das Kind nicht zu früh zu stark belastet. Gerade temperamentvolle Kinder toben wieder los, sobald sie sich besser fühlen. Das sollte man – so schwer das auch ist! – eindämmen, indem man sehr viel vorliest oder Spiele mit dem Kind spielt, bei denen keine Bewegung erforderlich ist.

Ohren – empfindsame Sinnesorgane

Das Gehör ist unser Sinnesorgan, mit dem wir Menschen den wohl intensivsten Kontakt zur Umwelt haben. Der Embryo im Mutterleib hört bereits lange vor der Geburt und der sterbende Mensch hört – so sagen erfahrene Sterbebegleiter – auch dann noch alles, was in seiner Umgebung passiert, wenn die anderen Sinneswahrnehmungen bereits erloschen sind. Die Möglichkeiten des Gehörs nicht vollkommen ausschöpfen zu können stellt eine große Einschränkung im Leben dar, deshalb sollten Eltern für Hörstörungen und Erkrankungen der Ohren sensibilisiert sein.

Hört das Kind richtig?

Heute gibt es sehr feine Untersuchungsmethoden, mit Hilfe derer man auch schon bei sehr kleinen Kindern feststellen kann, ob mit dem Gehör alles in Ordnung ist. Viele Kinder haben schon ihren zweiten Geburtstag hinter sich, wenn festgestellt wird, dass sie nicht richtig hören. Bei den Vorsorgeuntersuchungen prüfen manche Kinderärzte noch immer mit unzureichenden Mitteln wie etwa dem Knackfrosch oder einer Rassel. Auch nehmen manche Ärzte Mütter nicht ernst, die die Sorge äußern, dass mit dem Gehör ihres Kindes etwas nicht stimmt.

Verdacht sollte man schöpfen, wenn ein Kind zwar durch Gestik und Mimik reagiert – beispielsweise immer ganz lieb zurücklächelt, wenn man ihm ein Lächeln schenkt –, aber dennoch in seiner Lebendigkeit ein wenig eingeschränkt wirkt. Mütter haben da oft einen siebten Sinn, der es ihnen erlaubt, auch ganz subtile Zeichen wahrzunehmen. Trauen Sie daher Ihrem Gefühl, bestehen Sie auf einer entsprechenden Untersuchung bzw. Überweisung oder wechseln Sie notfalls den Arzt.

Experten sprechen von doctor's delay (= Verspätung des Arztes) und meinen damit auch das Versäumnis, eine Hörstörung rechtzeitig zu erkennen. Die Folgen dieses Versäumnisses muss ein Kind womöglich lebenslang tragen, denn wie bei allen Entwicklungsstörungen kommt es auch beim Hören darauf an, dass Einschränkungen so bald wie möglich erkannt und so weitgehend wie möglich behoben werden.

Es kann nicht oft genug betont werden: Ein Kind, das nicht richtig hört, wird in seiner Sprachentwicklung beeinträchtigt. Und die geht im zweiten Lebensjahr mit Riesenschritten voran.

Die Plage im Mittelohr

Bis zum dritten Geburtstag hat jedes zweite Kind schon mindestens eine Mittelohrentzündung durchgemacht. Weshalb sind Mittelohrentzündungen bei kleinen Kindern so häufig? Das liegt zum einen an den vielen Atemwegsinfekten, denen ein Kind in seinen ersten Lebensjahren ausgesetzt ist. Zum anderen aber auch an der Anatomie: Die Verbindungsröhre zwischen Nasen-Rachen-Raum (eustachische Röhre) und Innenohr ist bei Kindern wesentlich kürzer als bei Erwachsenen. In manchen Familien ist eine Neigung zu Mittelohrentzündungen offenbar vererbt und vermutlich durch anatomisch ähnliche Verhältnisse (z. B. eine sehr enge eustachische Röhre) bedingt. Ist die Verbindung zwischen Nasen-Rachen-Raum und Innenohr sehr kurz – wie eben bei kleinen Kindern –, haben die Atemwegskeime keinen weiten Weg zum Ohr. Ist die Verbindung zudem eng, mangelt es während einer Erkältung an einer guten Belüftung. Dies führt zu einem Unterdruck in der Paukenhöhle, dem Raum hinter dem Trommelfell. Sammelt sich nun hier Flüssigkeit an, sind das ideale Bedingungen für Entzündungen.

Mittelohrentzündungen tun meist sehr weh. Ein Kind im zweiten Lebensjahr kann aber noch nicht sagen oder zeigen, wo genau der Schmerz sitzt. Es weint oder schreit und greift sich ans Ohr. Manchmal strahlen die Schmerzen aber auch auf den ganzen Kopf aus, dann fehlt dieses Zeichen »Hand-ans-Ohr«. Manchmal sammelt sich Eiter hinter dem Trommelfell. Der Druck aufs Trommelfell wird schließlich so groß, dass es einreißt – das Ohr »läuft«. Meist hört nun der Schmerz schlagartig auf. Die Erkrankung ist damit aber nicht vorbei; der Arzt sollte auf jeden Fall konsultiert werden.

Was können Eltern tun, wenn sie das Gefühl haben, ihr Kind hat Ohrenschmerzen? Am besten gleich zum Arzt! Der wird entscheiden, ob Antibiotika gegeben werden sollten oder ob man mit Wärme (Wärmflasche, Rotlichtlampe) und Schmerzzäpfchen auskommt. Auf keinen Fall sollte man eigenmächtig Ohrentropfen geben, erst recht keine Ohrenspülungen durchführen!

Mit Mittelohrentzündungen ist aus verschiedenen Gründen nicht zu spaßen. Es gibt Erreger (Bakterien), die das Trommelfell angreifen und mitunter in dieser Membran Löcher verursachen,

die man nur noch operativ schließen kann. Außerdem können die Entzündungen im Extremfall auch knöcherne Strukturen angreifen; auch in diesen Fällen ist manchmal eine Operation vonnöten.

Am häufigsten sind Mittelohrentzündungen jedoch die Ursache von Schwerhörigkeit. Das Schlimme dabei: Diese Schwerhörigkeit fällt in die Phase der Sprachentwicklung, während der das uneingeschränkte Hören so entscheidend ist. Nicht zuletzt deshalb lautet die bereits oben ausgesprochene Empfehlung: bei Ohrenschmerzen am besten unverzüglich zum Arzt!

Polypen und ihre Auswirkungen aufs Ohr

Nahezu drei Viertel aller Kinder schnarchen im Schlaf. Doch das erzählen Eltern in der Sprechstunde eher selten und nur auf Nachfrage. Stattdessen klagen sie, dass ihr Kind besonders infektanfällig sei, keinen rechten Appetit habe und sich körperlich schlecht entwickle. Dabei gibt es häufig einen Zusammenhang zwischen dem zarten Sägen des Nachts, einer Neigung zu Infekten und – dem Hörvermögen.

Schnarchen entsteht durch Vibrationen in den Weichteilen des Mundrachenraums aufgrund eines erhöhten Atemwiderstandes, der u. a. durch »Polypen« (= Rachenmandeln) verursacht werden kann. Unter Rachenmandeln versteht man Gewebe im Nasenrachenraum, das bei vielen Kindern, die häufig erkältet sind, vergrößert ist. Besonders betroffen von vergrößerten Polypen sind Kinder ab dem zweiten, dritten Lebensjahr. Etliche von ihnen hören auch schlecht und sind demzufolge in ihrer Sprachentwicklung benachteiligt.

Schon aus diesem Grund sollte man ein Kind, das jede Nacht (also nicht nur bei Erkältungen) schnarcht, unbedingt einem HNO-Arzt vorstellen. Abschwellende Nasentropfen sind keine Dauerlösung. Bleiben vergrößerte Polypen zu lange unbehandelt, kann sich zudem eine Neigung zu Mittelohrentzündungen entwickeln.

Die operative Entfernung der Polypen ist ein harmloser Eingriff, der oft ambulant erfolgen kann. Mitunter wird von ärztlicher Seite zunächst zum Abwarten geraten, da zu frühes Operieren in manchen Fällen einen Nachfolgeeingriff notwendig macht. Der beste Operationszeitpunkt ist erfahrungsgemäß erst nach Abschluss des dritten Lebensjahres.

Gestörte Geräuschwahrnehmung

Im zweiten Lebensjahr ist das Trotzalter in aller Regel noch nicht erreicht. Deshalb sollte man nicht davon ausgehen, dass ein Kind bockig ist, wenn es nicht hört bzw. reagiert. Es gibt Reifungsstörungen der so genannten neuralen Hörbahn (also der Bahn zwischen Gehör und Gehirn), die Defizite in der zentralen Informationsverarbeitung verursachen. Diese Kinder können Geräusche oder eben auch Sprache mitunter nicht identifizieren. Die betroffenen Kinder tun sich beispielsweise schwer, Sprache zu verstehen, wenn der Hintergrund-Geräuschpegel zu laut ist, oder sie vermögen unterschiedliche akustische Signale wie Telefon- und Türklingel nicht voneinander zu unterscheiden. Gleichzeitig reagieren diese Kinder aber oft überempfindlich auf Lärm, weil laute Signale für ihr Empfinden unzureichend gedämpft werden.

Aufmerksam sollte man auch werden, wenn ein Kind sich ungern in einer Gruppe aufhält, sich aber eigentlich zu anderen Kindern hingezogen fühlt. Oder wenn es sich wie ein Poltergeist gebärdet, ohne einen Bezug zur eigenen Lautstärke erkennen zu lassen. Ursache dieses auch als zentrale Fehlhörigkeit bezeichneten Phänomens können genetische Faktoren sein, aber auch mangelhafte Ansprache im Säuglingsalter oder – das andere Extrem – die ständige akustische Berieselung durch Radio oder Fernsehen.

Fünf bis acht Prozent aller Kinder, so schätzt man, haben Probleme mit der frühen akustischen Signalverarbeitung. Neuerdings weiß man, dass sich eine solche Störung bereits im Alter von zwei Jahren diagnostizieren lässt – allerdings nicht von jedem HNO-Arzt. Die Kenntnisse und die Ausrüstung zu entsprechenden Diagnoseverfahren haben nur Spezialisten (meist an den Universitätskliniken). Mit geeigneten Therapien versucht man diesen Kindern zu helfen.

Spracherwerb

Sprechen zu lernen ist eine enorme mentale Leistung. Entwicklungsverzögerungen und -störungen sind da keine Seltenheit. Um sich zu vergegenwärtigen, was Spracherwerb alles umfasst, sei aus dem umfangreichen Inhaltsverzeichnis des Buches ›Sprachentwicklung beim Kind‹ von Gisela Szagun (Beltz) zitiert: Grammatikentwicklung, erste Wortkombinationen, informationsverarbeitende Prozesse der Grammatikentwicklung, kognitive Entwicklung der Sprache, Wortbedeutungsentwicklung und Erkenntnis, Entwicklung der Kommunikation, die Rolle der Inputsprache (= die an das Kind gerichtete Sprache). Das hört sich nicht nur gewaltig an, es ist es auch. Und doch sollten auftretende Schwierigkeiten, so nachvollziehbar sie auch sind, ernst genommen werden.

Unterschiedliche Stolpersteine

Gerade im zweiten Lebensjahr haben Kinder oft Probleme mit der Lautbildung. Das ist dann der Fall, wenn die Mundmotorik noch nicht richtig funktioniert. Lippen, Zunge und Kehlkopf bzw. Stimmbänder müssen vor allem bei schwierigen Lauten wie r und sch besondere Kunststücke vollführen. Zu Problemen kann es auch beim Wortschatzerwerb kommen, denn dazu muss zum einen eine große Merkfähigkeit gegeben sein, zum anderen aber auch eine gute Konzentrationsfähigkeit. Kinder, die sich damit schwer tun, suchen häufig nach Worten, können Dinge, die sie eigentlich gut kennen, einfach nicht beim Namen nennen. In seltenen Fällen liegen solchen Wortfindungsproblemen auch leichte, sonst nicht in Erscheinung tretende neurologische Störungen zugrunde, die durch minimale Gehirnblutungen während der Geburt ausgelöst worden sind. Ob das bei einem Kind der Fall ist, kann nur ein Spezialist klären – ein Kinderarzt ist da überfordert.

Überhaupt lassen sich Störungen der Sprachentwicklung kaum exakt beschreiben, da sie so vielfältig sein können. Fest steht aber, dass Eltern, deren Kind sehr wenig spricht und im zweiten Lebensjahr nicht mit den Zwei-Wort-Sätzen beginnt, einen Experten aufsuchen sollten. Viel Erfahrung mit Entwicklungsstörungen haben die Kinderzentren und Frühförderungseinrichtungen der Universitätskliniken.

Unterstützende Maßnahmen

Jedes Kind trägt in sich die Fähigkeit zu sprechen, denn die ist angeboren. Eltern müssen nichts durch ständiges artikuliertes Sprechen (wie ein Fremdsprachenlehrer) »hervorlocken« oder auf bestimmte Weise trainieren. Unerlässlich ist jedoch, dass Eltern im Alltag viel mit ihrem Kind sprechen. Nicht umsonst gibt es den Begriff »Muttersprache«: Wir alle haben unsere Muttersprache durch Nachahmung der Sprache unserer nächsten Umgebung gelernt. Es ist geradezu rührend, dass kleine Kinder exakt den Dialekt ihrer Eltern sprechen . . .

Kassette oder Fernseher können übrigens die elterliche Sprache nicht ersetzen, das haben Untersuchungen gezeigt. Die mehr und mehr auftretenden Sprachprobleme von Kindern sind erwiesenermaßen darauf zurückzuführen, dass in vielen Familien der Fernseher mehr »spricht« als die Familienmitglieder.

Hier ein paar Tipps, wie man das Sprechenlernen der Kinder unterstützen kann:

– Man sollte das Kind möglichst selten verbessern, weil man ihm sonst den Spaß am Sprechen und den Mut, sich durch das Sprechen auszuprobieren, nimmt. Eltern sollten das Vertrauen haben, dass sich Fehler mit der Zeit verlieren.

- Man sollte seinem Kind geduldig zuhören und es dabei liebevoll ansehen. Auch wenn es manchmal nicht so einfach ist zu verstehen, was es meint, sollte das Kind immer das Gefühl haben: Es ist wichtig, was ich zu sagen habe.
- Förderlich sind Gespräche beim Spielen und bei der Bewegung. Körperliche Erfahrungen, die mit Sprache gekoppelt sind (»Hoppe, hoppe, Reiter...«), sind hilfreich.
- Grob-, Fein- und Sprachmotorik hängen eng zusammen, deshalb sollte ein Kind viel Gelegenheit haben, sich zu bewegen. Hin und wieder sollte man auch mit dem Kind etwas basteln, selbst wenn es in diesem Alter noch wenig Ausdauer haben wird. Durch Basteln wird die Feinmotorik geschult. Und das wiederum wirkt sich positiv auf das Gehirn aus.
- Last, but not least: Mit dem Rat, viel zu sprechen, ist nicht gemeint, das Kind »zuzutexten«, sondern ihm viele Möglichkeiten zu geben, Wortschatz und Grammatik immer wieder zu hören. Wenn man das, was man gerade tut, kommentiert oder beim Bilderbuch-Ansehen viel erzählt, bekommt das Kind eine Menge »Futter« für seine Sprachentwicklung.

Allergien

Eine Allergie kann sich zwar auch erst im späteren Leben bemerkbar machen, doch in den meisten Fällen zeigt sich eine solche Überempfindlichkeit des Immunsystems schon im Kleinkindalter. Für allergische Erkrankungen lässt sich leider kein einheitliches Krankheitsbild beschreiben. Eine Allergie ist gewissermaßen eine sehr persönliche Angelegenheit.

Sehr verbreitet: Hausstaubmilbenallergie

Mit dem Bergiff »Hausstaubmilbenallergie« ist weder eine Allergie gegen den Hausstaub noch eine Überempfindlichkeit gegenüber den im Staub beheimateten Milben gemeint. Es handelt sich um eine Allergie gegen den zu feinem Staub zerfallenen Kot der Hausstaubmilbe.

Die Hausstaubmilbe, ein mit dem bloßen Auge nicht zu erkennendes Spinnentier, ernährt sich von den organischen Abfallprodukten anderer Wesen, also von Hautpartikeln, Haaren und Federn. Ein Erwachsener verliert täglich etwa 1,5 g Hautschuppen – das macht 1,5 Millionen Hausstaubmilben satt!

Die Ausscheidungen dieser Milben werden mit der Atemluft aufgenommen. Menschen, die dagegen nicht allergisch sind, merken nichts davon, dass sie mit ganzen Myriaden von Milben zusammenleben. Hausstauballergiker bekommen dagegen Fließschnupfen, Augenjucken und -tränen, Nesselsucht und im Extremfall sogar Asthma-Anfälle. Milben werden deshalb zu den schlimmsten Allergieauslösern in Innenräumen gezählt.

Es ist schier unmöglich, die Milben komplett auszurotten, man kann ihnen nur den Lebensraum so ungemütlich wie möglich machen. Am wohlsten fühlen sich Hausstaubmilben im Bett, denn hier verliert ein Mensch die meisten Hautschuppen, es herrscht eine hohe Luftfeuchtigkeit und Betten, Kissen und Matratzen laden geradezu dazu ein, sich darin aufzuhalten. Deshalb sind morgens und nachts die allergischen Beschwerden am stärksten.

So macht man den Milben das Leben schwer:
- die Luftfeuchtigkeit durch regelmäßiges Lüften gering halten (unter 55 Prozent)
- die Zimmertemperatur (im Schlafzimmer) unter 20 Grad halten
- das Schlafzimmer nicht zum An- und Auskleiden benutzen (in Kleidungsstücken hocken auch Milben!)
- das Bettzeug tagsüber gründlich auslüften
- nach Möglichkeit auf Polstermöbel verzichten (besser sind Leder- oder Holzmöbel)
- Matratzen und Kissen mit Spezialbezügen versehen (»Encasing«)

Als wichtigste Maßnahme bei Hausstaubmilbenallergie gilt nach Auffassung der Experten das so genannte »Encasing« (to encase = umhüllen) von Matratze, Kopfkissen und Zudecke. Encasing-Materialien sind dicht gewebt und/oder noch zusätzlich beschichtet und stellen so eine Barriere sowohl gegen die »Einwanderung« von Milben als auch gegen die Zufuhr ihrer Nahrungsstoffe dar. Sind Kopfkissen und Zudecke waschbar, kann man für diese Stücke auf eine solche Umhüllung verzichten.

Auch Kuscheltiere können ein Milbenreservoir sein. Nach Abtötung der Milben durch eine Übernachtung des Plüschwesens in der Tiefkühltruhe oder durch eine Sprühaktion mit einem pflanzlichen Präparat bleiben oft noch Allergene im Fell zurück. Deshalb ist Waschen am sinnvollsten – 30 Grad Waschtemperatur ist bereits ausreichend. Der Fachhandel bietet Stofftiere für Allergiker an.

Was Encasing-Bezüge auszeichnet
- Die Matratze wird komplett umschlossen.
- Die Nähte sind verschweißt oder auf andere Weise abgedichtet.
- Sie sind bei 60 Grad waschbar.
- Sie verlieren ihre Dichte auch durch regelmäßiges Waschen nicht.
- Sie haben eine hohe Wasserdampfdurchlässigkeit (andernfalls Gefahr der Schimmelbildung!).
- Sie gelten als Heilmittel und sind somit erstattungsfähig.

Um das Nahrungsangebot für die Milben knapp zu halten, sollte man so oft wie möglich Staub saugen, am besten mit einem Ultramikrofeinfilter-Staubsauger, damit der feine Staub aus Milbenkot nicht bei den Säuberungsaktionen erneut durch die Luft gewirbelt wird. Aus dem gleichen Grund empfiehlt es sich, stets mit einem feuchten Tuch Staub zu wischen.

Auf einem glatten Boden werden Staub und Allergene eher

aufgewirbelt und weitergetragen als auf Teppichböden. Dieses durchaus richtige Argument führen Teppichhersteller immer wieder an. Internationale Studien haben aber gezeigt, dass die Allergenmenge in Räumen mit Teppichböden deutlich größer ist als in Räumen ohne Teppichböden, da es sich die Milben dort längst nicht so gemütlich machen können. Die Entfernung der Teppichböden ist also in jedem Fall sinnvoll, denn kurze Zeit nach einer Teppichreinigungsmaßnahme ist die erneute Besiedelung bereits wieder nachweisbar. Milben können sich in Teppichfasern sehr gut »festhalten« und lassen sich selbst durch intensives Staubsaugen nicht im wünschenswerten Maß entfernen. Auf glatten Böden ist dies dagegen einfach zu erreichen.

Wenn möglich sollten also in allen Wohnräumen Teppichböden, Vorhänge, Stofftapeten und Polstermöbel entfernt oder zumindest reduziert werden. Möchte man sich nicht von diesen Einrichtungsgegenständen trennen, müssen sie zumindest regelmäßig gründlich gereinigt werden. Für diesen Zweck gibt es Spezialpräparate, die mindestens alle drei Monate anzuwenden sind, da Milben ihre »Wohngebiete« immer wieder neu besiedeln. Auch die Autositze sollte man dabei nicht vergessen.

In Familien, in denen es bereits Hausstaubmilbenallergiker gibt, sollte sowohl auf die Haltung von Haustieren als auch auf einen Bestand an Zimmerpflanzen verzichtet werden. Eine Ausnahme besteht, wenn die Pflanzen in Hydrokultur gesetzt worden sind. Blumenerde dagegen ist ein Eldorado für Schimmelpilze – eine weitere Nahrungsquelle für Hausstaubmilben. »Staubfänger« wie Wandteppiche, offene Bücherregale oder Trockenblumensträuße sollte es ebenfalls im Lebensbereich von allergischen Kindern nicht geben.

Machen Sie aber nicht den zweiten Schritt vor dem ersten, prüfen Sie unbedingt, ob tatsächlich eine Allergie bei Ihrem Kind vorliegt, bevor Sie Ihr heimeliges Wohnzimmer in einen sterilen Aufenthaltsraum verwandeln. Liegt nämlich keine konkrete Allergiegefährdung vor, gibt es also unter den Blutsverwandten keine Allergiker, sind besondere Hygiene- und Präventivmaßnahmen nicht erforderlich. Zwar weiß man, dass das Sensibilisierungsrisiko mit der Allergenkonzentration steigt, doch das betrifft nur Kinder mit einer entsprechenden Veranlagung. Es gibt viele Studien, die belegen, dass das Immunsystem eines Kindes angemessene »Trainingsmöglichkeiten« bekommen muss. Eine dieser Studien zeigte sogar, dass das typische Haushalts-Gemisch aus Textilfasern, Milbenkot und Hautschuppen bestimmte Bakterien enthält, die eine Substanz produzieren, durch die das Immunsystem eines kleinen Kindes in »gesundem Maß« angeregt wird. Experten vertreten die Auffassung, dass diese Anregung des Immunsystems notwendig ist, um Allergien vorzubeugen. Fazit: Im besonders sauberen Wohnumfeld werden allergische Neigungen eher gefördert denn vermieden.

Neurodermitis: Keine Diagnose fürs Leben!

Häufig beginnt die Neurodermitis, eine chronische, oft in Schüben verlaufende Hauterkrankung, bereits im ersten Lebensjahr, doch hin und wieder macht sich diese – auch als atopisches Ekzem bezeichnete – Erkrankung auch erst im zweiten Lebensjahr bemerkbar. Die Veränderungen beginnen meist an den Wangen. Die Haut sieht zunächst trocken und gerötet aus, dann erfolgt eine Knötchenbildung, später vergröbert sich das Hautbild, die Knötchen beginnen zu jucken. Dieser Juckreiz, das quälendste Symptom dieser Erkrankung, führt dazu, dass die Haut zerkratzt wird, zu nässen beginnt und sich mit Krusten bedeckt, die dann wiederum aufgekratzt werden. Hautentzündungen sind oft die unvermeidliche Folge. Die krankhaften Veränderungen breiten sich mit der Zeit auf den übrigen Körper aus; Kniekehlen und Ellenbogen sind meist zuerst betroffen.

Neurodermitis wird sehr wahrscheinlich durch verschiedene Faktoren verursacht. Die genetische Veranlagung spielt eine entscheidende Rolle. Durch Kleidung, Wasch- und Pflegemittel können die Beschwerden verstärkt werden, aber auch durch seelischen Stress.

Bei starken Schüben wird der Kinderarzt eine kortisonhaltige Salbe empfehlen. Sie hilft, den Teufelskreis aus Juckreiz-Kratzen-Verkrustung-Juckreiz zu durchbrechen, und schenkt dem Kind eine Erholungsphase, die es in jeder Hinsicht nötig hat. Die modernen Kortisonpräparate sind heute so konzipiert, dass der Nutzen die möglichen Nebenwirkungen weit übertrifft.

Sind die Beschwerden weniger gravierend, genügen entzündungshemmende, harnstoffhaltige Salben. Hilfreich sind auch Präparate mit Nachtkerzen- oder Borretschsamenöl. Manche naturheilkundlich orientierten Ärzte verschreiben Eichenrindenpräparate, Umschläge und Waschungen mit Eichenrindenaufgüssen, Haferstrohvollbäder oder Zink-Schüttelmixturen.

Für die Nacht empfehlen sich spezielle Overalls, die auch Hände und Füße bedecken. So wird die Gefahr, dass sich ein Kind im Schlaf wund kratzt, gebannt. Die sanfte Massage durch den Stoff regt sogar die Heilung der mitgenommenen Stellen an, da die Durchblutung gefördert wird. Auch aus der homöopathischen Apotheke können Präparate gegeben werden. Hier sollte man sich von einem Arzt mit gründlicher homöopathischer Ausbildung beraten lassen.

Kinder mit Neurodermitis vertragen unbehandelte Naturtextilien am besten. Leider werden Textilien heute einer Kette von Vorbehandlungen unterzogen, um sie attraktiver zu machen. Neue Kleidungsstücke sollten Kinder mit Neurodermitis also auf keinen Fall ungewaschen tragen. Vor allem die Kleidung, die direkten Kontakt mit der Haut hat, muss bei mindestens 60 Grad waschbar sein. Am besten verwendet man Waschmittel ohne chemische Zusätze oder nur ein Drittel der sonst empfohlenen Waschmittelmenge; der Verzicht auf Weichspüler und Wäschetrockner ist ebenfalls ratsam. Nach zweimaligem ausgiebigen Waschen sind die Rückstände der Textilbehandlung in aller Regel beseitigt.

Glücklicherweise verlieren sich bei den meisten Kindern die starken Symptome bis zum Schulalter. Zwar bleibt eine gewisse Überempfindlichkeit der Haut bestehen, aber in der Regel hat eine Familie mit den Jahren herausgefunden, wie sich die Beschwerden eines Kindes mit Neurodermitis in den Griff bekommen lassen. Der richtige Umgang mit der Krankheit ist dann auch dem Kind in Fleisch und Blut übergegangen.

Mit dieser positiven Aussicht vor Augen sollten Eltern vor allem Gelassenheit und Geduld zeigen, denn gestresste, ängstlich-besorgte Eltern können durch ihr Verhalten die Neurodermitis-Beschwerden verschlimmern.

Was im Notfall Not tut

In kaum einem anderen Lebensjahr sind Kinder so gefährdet, einen Unfall zu haben. Sie können Gefahren noch nicht im Geringsten erkennen, laufen und klettern einfach drauflos, hantieren mit Messern, Schraubenziehern und Stöcken, bohren Gabeln in Steckdosen, ziehen sich einen Müllbeutel über den Kopf, kosten von Bäumen und Sträuchern im Garten, von Reinigungsmitteln und Medikamenten in Küche und Bad.

Sich zu wünschen, dass möglichst nie etwas passieren möge, reicht natürlich nicht. Wichtig sind Vorkehrungen, die verhindern, dass sich das Kind in Gefahr bringt. Wichtig ist aber auch, auf Anhieb zu wissen, was man tun muss, wenn doch etwas passiert ist. Die Telefonnummern des Kinderarztes, der Notarzt-Leitstelle und der Giftnotrufzentrale müssen gut sichtbar am Telefonplatz angebracht oder besser noch im Telefon eingespeichert sein.

Verschlucken von Fremdkörpern

Kinder im zweiten Lebensjahr sind zwar aus dem Alter heraus, in dem sie mit dem Mund ihre Welt erkunden, dennoch stecken sie auch jetzt noch manchmal etwas in den Mund, um darauf herumzulutschen oder -zukauen. Da sie Lutschen, Kauen und Schlucken noch nicht so exakt koordinieren können wie größere Kinder, verschlucken sie leicht mal etwas. Gelangt das Corpus delicti in die Speiseröhre und rutscht dort weiter, ist die Sache meist unproblematisch, denn dann wird man das fehlgeleitete Stück irgendwann im Stuhl wieder finden. Gerät es allerdings in den Rachen-Kehlkopf-Bereich bzw. in die Luftröhre und schnürt damit die Luftzufuhr ab, besteht Lebensgefahr. Auch hier ist blitzschnelles Handeln erforderlich. Kleinkinder sind noch so leicht, dass man sie kurzerhand kopfüber halten kann. Die Brust sollte auf dem Unterarm ruhen – was jedoch bei Kindern im zweiten Lebensjahr meist nur kräftige Väter bewerkstelligen können. Das Kind muss mit einer Hand gut festgehalten werden, um mit der anderen Hand – entweder mit der Handkante oder mit einigen Fingern – kräftig zwischen die Schulterblätter klopfen zu können. Meist löst sich der verschluckte und eingeatmete Gegenstand dann aus der Luftröhre und das Kind spuckt ihn aus.

Gelingt es mit dieser Maßnahme nicht binnen kürzester Zeit, den verschluckten Fremdkörper aus der Luftröhre zu befreien, muss umgehend der Notarzt gerufen werden.

Verbrennungen und Verbrühungen

Trotz aller Vorsichtsmaßnahmen kann es passieren, dass sich ein kleines Kind an heißem Wasser verbrüht oder seine Haut z. B. an einem heißen Bügeleisen verbrennt. Verbrennungen und Verbrühungen gehören zu den häufigsten Unfällen im Kindesalter.

Verbrannte oder verbrühte Haut ist irreparabel geschädigt. So viel die moderne Medizin auch heute für Menschen tun kann, deren Haut auf diese Weise Schaden genommen hat, so vergleichsweise unzureichend bleiben doch alle Heilungsmaßnahmen und Hautersatz-Züchtungen. Die eigene Haut ist unersetzbar, deshalb sollte man auch im Zusammenleben mit einem kleinen Kind alles tun, um Verbrennungen und Verbrühungen zu vermeiden.

Wie verheerend Brandverletzungen sind, zeigt die Empfehlung, bei einer Brandwunde, die größer ist als ein Fünf-Mark-Stück (Sie erinnern sich an diese Münze?), sofort den Arzt aufzusuchen.

Es gibt einige wichtige Maßnahmen, die man bei Verbrennungen und Verbrühungen **sofort** ergreifen sollte:

– Die verbrannte Körperstelle unter fließendes kaltes Wasser halten. Je rascher man mit dieser Kühlung beginnt, desto größer die Chance, Schäden in tieferen Hautschichten zu begrenzen. Auch nach zehn Minuten ist diese Maßnahme noch sinnvoll, wenn auch weniger effektiv.

– Anklebende Kleidungsstücke nur vorsichtig ablösen – nie abreißen! Lässt sich der Stoff nicht von der Haut lösen, sollte man dennoch kaltes Wasser auf die betroffene Region laufen lassen.

Die Kühlungsmaßnahme kann man durchaus bis zu 20 Minuten durchführen; ein kurzes Abspülen mit kaltem Wasser ist dagegen sinnlos. Durch das kalte Wasser lässt auch der Schmerz mehr und mehr nach. Man sollte aber darauf achten, dass das Kind nicht zu frieren beginnt und nicht blass wird. Nach der Anwendung mit fließendem Wasser legt man nasse, kalte Umschläge auf die verbrannte Region. Absolut tabu sind »Hausmittel« wie Butter, Öl, Mehl oder Puder! Damit schädigt man die Haut zusätzlich und begünstigt Infektionen.

Vergiftungen

Ungefähr 80 000 behandlungsbedürftige Vergiftungen von Kindern sind jedes Jahr in Deutschland zu verzeichnen. Kleine Kinder sind ganz besonders häufig betroffen, weil sie sich weder durch Ermahnungen noch durch einen wenig angenehmen Geschmack abschrecken lassen. Ihre Neugier und ihr Forscherdrang, aber auch ihre Unbedarftheit sind so groß, dass Erwachsenen oft die Fantasie fehlt, sich in die allseits drohenden Gefahren hineinzudenken.

Putzmittel und Medikamente müssen für Kinder unzugänglich aufbewahrt werden. Das ist im Grunde eine Binsenweisheit und steht auch auf fast allen Verpackungen – dennoch passieren mit diesen Chemikalien bzw. Präparaten immer wieder Unfälle.

Wenn man Blattsalat, Johannisbeeren oder Kirschtomaten essen kann, wieso soll man da nicht auch mal von Blättern oder Beeren aus dem Garten naschen? Ob ein Kleinkind sich solche Gedanken macht, wissen wir nicht. Fest steht, dass Anfragen zu Giftpflanzen bei den meisten Giftnotrufzentralen an zweiter Stelle (nach denen zu Medikamenten) rangieren. In vier bis fünf Fällen geht es um kleine Kinder, die von Blättern, Blüten oder Früchten gekostet haben.

Die meisten Eltern wissen, dass Goldregen, Eiben, Vogelbeeren, Maiglöckchen, Gartenbohne, Liguster, Seidelbast, Stechapfel, Eisenhut und Herbstzeitlose nicht in einen Garten gehören, in dem Kinder aufwachsen. Aber auch viele Pflanzen, die in Kästen oder Kübeln blühen, sind – zumindest in Teilen – giftig. Dazu gehören nicht nur die stark giftige Engelstrompete sowie der Oleander. Eine gewisse Gefährdung geht auch von folgenden Kübel- bzw. Balkonpflanzen aus: Sternjasmin, Solanum (Kartoffelbaum), Robinie, Zwergrhododendron, Sternwinde, Ziertabak, Mandevilla, Geißblatt, Lilien, Wandelröschen, Guacamayastrauch, Trichterwinde, Veilchenstrauch, Palmfarn, Ginster, Hammerstrauch, Cassia, Wachsbaum und einige mehr.

Glücklicherweise sind schwere Vergiftungen selten, tödlich verlaufende Fälle sogar eine ausgesprochene Rarität. Recht häufig sind dagegen die so genannten Bagatellvergiftungen, die mit leichter Übelkeit, Erbrechen, geringfügigen Bauchschmerzen oder Durchfall einhergehen oder manchmal auch ganz ohne Symptome verlaufen. Die meisten Ärzte raten in diesen Fällen davon ab, irgendwelche Therapiemaßnahmen zu ergreifen. Der Körper wird allein mit dem Gift fertig, zudem wäre die Behandlung belastender als die vorübergehenden Vergiftungserscheinungen.

Sofern keine schäumenden Putzmittel mit im Spiel waren, genügt es dann in aller Regel, das Kind den Mund ausspülen und reichlich Wasser trinken zu lassen. Auf keinen Fall darf man Erbrechen auslösen wollen oder Milch zu trinken geben. Milch fördert sogar die Aufnahme der Giftstoffe in die Blutbahn. Nach Schätzungen von Experten kommen mehr Kinder durch falsche häusliche Therapiemaßnahmen zu Schaden als durch die Vergiftungen selbst.

Sturz auf den Kopf

Fast jedes Kind ist in seinen ersten Lebensjahren mindestens einmal auf den Kopf gefallen. Das tut nicht nur furchtbar weh, es kann unter Umständen auch gefährlich werden. Kinder im zweiten Lebensjahr erleiden besonders häufig Stürze, da sie einerseits noch etwas wackelig auf ihren Beinchen und unsicher in ihrer Koordination sind, andererseits aber ganz wagemutig alle Höhen erklimmen wollen.

Der Druck, der bei einem Stoß oder bei einem Schlag auf den Kopf auf den Schädel einwirkt, kann sich auch auf das Gehirn übertragen: Das Gehirn, das sonst fest innerhalb der Schädelknochen ruht, wird erschüttert. Damit wird das Nervengewebe gereizt, was vorübergehende Hirnfunktionsstörungen zur Folge haben kann. Organische Hirnveränderungen zieht eine Gehirnerschütterung nicht nach sich.

Je nachdem, aus welcher Höhe ein Kind auf den Kopf gefallen oder mit welcher Wucht es beispielsweise gegen einen Bettpfosten geschlagen ist, kann das Kind sogar kurzzeitig das Bewusstsein verlieren. Es kommt meist rasch wieder zu sich, wirkt dann erschrocken und irritiert. Dann wird der Arzt, den man in jedem Fall nach einem Sturz oder Schlag auf den Kopf konsultieren sollte, dazu raten, das Kind die nachfolgenden 24 Stunden zu beobachten. Wirkt das Kind benommen und teilnahmslos, muss es sofort zum Arzt, besser noch in eine Kinderklinik.

Ebenfalls ein Signal, sofort ärztliche Hilfe zu suchen: wenn sich die Pupillen bei Lichteinfall (Taschenlampe) nicht verengen oder sich in ihrer Reaktion unterscheiden (sollte das Kind schlafen, muss man es stündlich wecken, um die Reaktion der Pupillen zu kontrollieren). Auch wenn sich ein Kind nach seinem Unfall übergeben muss oder Krämpfe bekommt, ist dringend ein Arztbesuch erforderlich.

Manchmal wird der Arzt auch bei scheinbar gutem Befinden dazu raten, das Kind für 24 Stunden in einer Klinik zur Überwachung aufzunehmen. Dagegen sollte man sich nicht sperren. Sollte sich das Kind doch eine ernsthafte Verletzung zugezogen haben, die sich überraschend erst nach Stunden bemerkbar machen kann, wird in einer Klinik natürlich wesentlich rascher und professioneller reagiert werden. Und das ist in einigen wenigen Fällen auch dringend notwendig, denn wenn sich Blut im Hirngewebe angesammelt hat (worauf Bewusstseinstrübung, Pupillendifferenz oder Krämpfe hinweisen können), muss umgehend ein neurochirurgischer Eingriff gemacht werden, um bleibende Schäden am Nervengewebe im Gehirn zu verhindern. Nach einer Gehirnerschütterung besteht die Gefahr einer Sickerblutung durch eine verletzte Hirnvene.

Erste-Hilfe-Maßnahmen

Schwere Stürze oder andere gravierende Unfälle erfordern unter Umständen lebensrettende Erste-Hilfe-Maßnahmen bis zum Eintreffen des Notarztes. Jeder, der die Führerscheinprüfung gemacht hat, hat auch einen Erste-Hilfe-Kurs besucht, doch der liegt in der Regel nicht nur eine geraume Zeit zurück, er ist auch nicht in jedem Fall auf Kleinkinder anwendbar. Es ist sehr zu empfehlen, einen Erste-Hilfe-Kurs für Eltern zu besuchen, denn nur in der Praxis kann man sich wirklich mit den Maßnahmen vertraut machen, die nachfolgend kurz beschrieben werden.

Stabile Seitenlage

Zwar kommen die wenigsten Eltern in die unangenehme Situation, bei ihrem (oder bei einem anderen) Kind die stabile Seitenlage anwenden zu müssen. Aber ganz ausschließen kann man die Möglichkeit nicht. Und immerhin hat sich die stabile Seitenlage in sehr vielen Fällen als lebensrettend erwiesen. Sie kommt zum Einsatz, wenn sich das Unfallopfer (oder auch der schwer Erkrankte) in tiefer Bewusstlosigkeit befindet, denn bei einem bewusstlosen Menschen funktionieren lebenswichtige Schutzmechanismen wie Husten- oder Würgereflex nicht. So können Erbrochenes, Blut, Schleim und Speichel in die Luftröhre gelangen, was innerhalb weniger Minuten zu höchster Lebensgefahr führt.

Um ein Kind aus der Rückenlage in die stabile Seitenlage zu drehen, kniet man sich neben es, hebt seine Hüfte leicht an und schiebt den dem Helfer zugewandten Arm darunter. Das dem Helfer zugewandte Bein wird so weit wie möglich angewinkelt und der Fuß aufgestellt. Nun fasst man das Kind an der der Unterlage abgewandten Schulter und Hüfte und zieht den Körper behutsam und langsam zu sich herüber. Den Arm, der zuvor die Hüfte abgestützt hat, winkelt man in Richtung Gesicht an. Das Kind muss so liegen, dass die Brust den Boden berührt – also nicht nur auf einem Oberarm. Die Beugung des Kopfes in Richtung Nacken – wie man das in allen Erste-Hilfe-Kursen lernt – unterbleibt bei so kleinen Kindern (siehe dazu Kasten »Stabile Seitenlage: Das muss man bei Kleinkindern beachten«). Den Mund öffnet man leicht, das Gesicht soll Richtung Unterlage schauen. Die Hand des Kindes schiebt man so unter sein Gesicht, dass es eine Polsterung und Stabilisierung bekommt.

Ein Kind aus der Bauchposition in die stabile Seitenlage zu bringen geschieht entsprechend und gestaltet sich um einiges leichter. Wenn das Kind mitmacht, kann man die stabile Seitenlage mit ihm üben – als Turnübung gewissermaßen.

Wenn einem Kind »nur« kurzfristig schlecht wird, beispielsweise nach einer Spritze, genügt die so genannte Schocklagerung: auf den Rücken legen und die Unterschenkel auf eine zusammengerollte Decke oder auf mehrere aufgetürmte Kissen legen. Hat man nichts zur Hand, hält man die Füße des Kindes etwa 40 Zentimeter über den Boden. Wesentlich ist, dass das Blut aus der »Peripherie« (Arme und Beine sind die Kreislauf-Peripherie) zurück ins Zentrum und in den Kopf fließen kann.

Stabile Seitenlage: Das muss man bei Kleinkindern beachten
Bei Kleinkindern bestehen einige anatomische Besonderheiten, die ein Überstrecken des Nackens nicht zulassen. Zu starkes Überstrecken kann sogar zu einer Verengung der Atemwege führen, was eine gefährliche Mangeldurchblutung des Gehirns nach sich ziehen würde. Bei Kleinkindern kann man in der Seitenlage auch beide Arme ausbreiten und das Köpfchen zur Seite drehen.

Notbeatmung

Zum Glück kommen auch nur sehr wenige Eltern in die Lage, einem Kind mit Atemstillstand erste Hilfe leisten zu müssen. Dennoch sollte man die Technik der Notbeatmung beherrschen, wenn man ein kleines Kind hat. Immerhin kann beispielsweise ein schwerer Sturz oder mitunter auch ein Schock zum Atemstillstand führen. Bei einem Atemstillstand wird das Kind sehr blass, der Puls an der Halsschlagader ist nicht mehr tastbar – unter Umständen zeigt sich eine bläuliche Verfärbung der Haut.

Zur Notbeatmung legt man das Kind auf den Rücken, tastet den Mund aus, ob sich etwas in der Mundhöhle befindet, und beseitigt dies gegebenenfalls. Bei Kleinkindern muss man zur Notbeatmung mit dem eigenen Mund Mund und Nase des Kindes erfassen und jeweils einen Mund voll Luft einblasen. Niemals zu tief Luft holen und niemals gegen einen Widerstand anblasen!

Eine Notbeatmung erfolgt in Kombination mit einer Herzmassage – auch die will gelernt sein. Bei sehr kleinen Kindern wird mit wenigen Fingern auf den Brustkorb gedrückt, bei größeren nimmt man den Handballen.

Bei Atemstillstand ist so bald wie möglich ein professioneller Nothelfer zu holen. Eine Notbeatmung mit Herzmassage ist für jemanden, der diese Maßnahme nicht regelmäßig übt, kaum exakt durchführbar.

Schlaflos im Kinderzimmer

Wenn ein Kind mit dem Ende des ersten Lebensjahres oder zu Beginn des zweiten Lebensjahres laufen lernt, entsteht eine Umbruchsituation. Die ersten Schritte stellen einen Meilenstein auf dem Weg in die Selbstständigkeit dar. Und wie in allen Entwicklungsabschnitten können auch hier Schlafprobleme auftreten.

Vom Einschlafen

Die Fähigkeit, sich zum ersten Mal im Leben von der Mutter entfernen zu können, macht stolz, aber sie macht auch Angst – und steht nicht selten in einem Zusammenhang mit bestimmten Arten von Schlafstörungen. Denn die Autonomiebestrebungen am Tage finden gewissermaßen ihren Gegenpol in besonderer Anhänglichkeit am Abend. Die Mutter soll möglichst am Bett sitzen und bleiben, bis das Kind eingeschlafen ist. Und sie soll natürlich auch da sitzen, wenn das Kind doch mal wieder aufwachen sollte. Experten, die sich mit kindlichen Schlafstörungen befassen, sehen in den Einschlafstörungen eindeutig Trennungsängste.

Es hat seine Gründe, dass diese Trennungsängste nicht am Tage auftreten: Dunkelheit und Müdigkeit verändern die emotionale Wahrnehmung – das wissen auch wir Erwachsenen, die wir mit Kummer am Abend meist schlechter umgehen können als tagsüber, wenn es viel Ablenkung gibt. Abends fühlen sich also nicht nur Kinder einsamer als tagsüber, doch Erwachsene wissen sich zu helfen, schalten zur Ablenkung den Fernseher an, telefonieren mit Freunden oder gehen noch ein wenig aus, um unter Leuten zu sein. Ein kleines Kind hat keine dieser Möglichkeiten. Deshalb möchte sich ein Kind vor dem Schlafengehen noch einmal ganz intensiv der Liebe seiner Mutter und seines Vaters vergewissern. Abendrituale wie Vorlesen, Schmusen und Singen sind hierfür besonders sinnvoll. Das Bettchen sollte so gestaltet sein, dass das Kind von Vertrautem umgeben ist, etwa mit einem Schlaftier, einer Spieluhr, einem Schmusetuch. Auch ein Nachtlicht hilft dem Kind, sich nicht so verlassen zu fühlen.

Trotzdem kann es bis zu einer Stunde dauern, bis ein Kind in den Schlaf gefunden hat. Auch wenn das für Eltern oft schwer zu ertragen ist, so sollte man sich immer wieder sagen, dass das Kind keine Machtkämpfe ausüben möchte, sondern dass es selbst leidet.

Die Zeitplan- und Sanduhr-Methode

Kinder können viele Register ziehen, um ihre Eltern herbeizuholen, sie können weinen, schreien, aus dem Bett klettern, nach Trinken verlangen, Angst vor einem Löwen unter dem Bett signalisieren usw. Einerseits erzeugt es bei Eltern natürlich ein schlechtes Gewissen, wenn sie ihrem Kind da nicht helfen, andererseits werden sie aber auch wütend, weil ihr Kind sie an ihre Grenzen führt und ihnen ein Gefühl der Ohnmacht gibt.

Für Eltern, die sich dafür entschieden haben, dass ihr Kind unbedingt allein einschlafen muss, hat der amerikanische Kinderarzt Dr. Richard Ferber eine spezielle Methode entwickelt. Sie sieht vor, dass die Eltern ihr Kind nach einem liebevollen Abendritual ins Bett legen und aus dem Zimmer gehen, auch wenn das Kind schreit und protestiert. Nach einem bestimmten Zeitplan kommen sie kurz ins Zimmer zurück, zeigen also, dass sie noch da sind, beruhigen das Kind und gehen dann wieder hinaus. Das Erscheinen der Eltern soll den Kindern das Gefühl nehmen, verlassen worden zu sein.

Der vorgegebene Zeitplan, der die Aufenthaltsdauer im Zimmer und die Abstände zwischen den »Auftritten« im Zimmer festlegt, dient den Eltern auch dazu, sich selbst am Riemen zu reißen und nicht zu früh wieder ins Zimmer zu stürzen, denn dies geschieht oft nicht aus Liebe zum Kind, sondern aus Verzweiflung und Wut über das allabendliche Theater.

Die Freiburger Forschungsgruppe »Kinderschlaf« hat eine etwas gemäßigtere Methode als Dr. Richard Ferber entwickelt. Sie gibt Müttern (und natürlich auch Vätern) eine Sanduhr, damit sichtbar wird, wie die Zeit verrinnt. Damit können viele »das Warten« besser ertragen, bis sie wieder zu ihrem Kind dürfen.

Wichtig ist, dass man nicht eilfertig ans Bett stürzt, sondern ruhig und langsam ins Zimmer geht. Es genügt ein »Du bist nicht allein und du wirst jetzt ganz bald einschlafen!«, ein Streicheln, ein Zudecken. Nach drei Minuten geht man wieder hinaus. Mit der Zeit kann man die Trennungsphase auf zwei Eieruhr-Durchläufe ausdehnen. Mehr als drei Durchläufe, also neun Minuten, sollten es jedoch nach dem Freiburger Konzept nicht werden.

Es gibt verwandte Konzepte, die allerdings die Abwesenheit der Eltern auf bis zu 30 Minuten ausdehnen. Darin sehen die Freiburger Wissenschaftler eine Überforderung sowohl des Kindes als auch der Eltern.

Man muss aber auch wissen, dass bei etwa zehn Prozent der Kinder auch mit dieser Sanduhr-Methode kein Erfolg zu erzielen ist. Dann sollten Eltern nach ihrem Gefühl handeln, eventuell eben doch das Kind in ihrem Bett einschlafen lassen (manche legen sich dazu und lesen etwas) und akzeptieren, dass ihr Kind eben eine Eigenart hat, während alle anderen Kinder der Umgebung angeblich überhaupt keine Probleme damit haben . . .

Wie auch immer: Sorgen Sie dafür, dass Ihr Kind wirklich müde ist, wenn Sie es zu Bett bringen, und reduzieren Sie den Mittagsschlaf auf eine Stunde.

Vom Alleinschlafen

Das Kind sollte möglichst immer in seinem eigenen Bett schlafen – heißt es. Trotzdem wollen viele Eltern ihrem Kind die Nähe geben, die es so flehentlich erhofft, und holen es ins Elternbett. Entweder schon zum Einschlafen oder sie lassen das Kind nachts in ihr Bett kommen. Viele Experten raten ab, dem Wunsch des Kindes nachzugeben: Man nehme ihm die Möglichkeit, seine Trennungsangst zu bewältigen, und solle es also immer wieder und mit Nachdruck in sein Bett zurückschicken, auch wenn man das x-mal hintereinander tun muss.

Studien darüber, wie sich Kinder entwickeln, deren Eltern in dieser Hinsicht inkonsequent waren, gibt es wohl nicht. Zu anderen Zeiten hatte man gar nicht die Möglichkeit, jedem Familienmitglied ein Zimmer zu gestalten, manchmal hatte nicht mal jeder sein eigenes Bett. In etlichen Völkern käme man auch gar nicht auf den Gedanken, ein Kind in ein separates Zimmer »abzuschieben«. Ich erwähne das hier, weil mit mir viele Eltern die Erfahrung gemacht haben, dass man ruhigere Nächte hat, wenn man dem Wunsch des Kindes nach körperlicher Nähe in der Nacht nachgibt. Die Warnung, man habe dann noch die 18-Jährigen im Bett, haben sich zumindest in meiner Familie und in denen, die ich kenne, nicht bewahrheitet.

Wichtig ist lediglich, dass keines der beiden Elternteile wegen unterbrochener Nächte in eine Erschöpfungsdepression rutscht. Zwei Nächte hintereinander pro Woche sollten Sie ungestört durchschlafen können.

Vor allem Mütter, die ja meist für das abendliche Zubettbringen zuständig sind, grausen sich manchmal schon tagsüber vor dem Abend und vor dem Theater, das dann wieder zu erwarten ist. Dadurch verkrampfen sie sich, werden einsilbiger, verändern oft schon am Spätnachmittag ihre Stimmlage. Wenn eine Mutter erschöpft und nervös ist, so ist die Feinabstimmung im Dialog zwischen Mutter und Kind gefährdet. Deshalb raten Schlafforscher dringend dazu, dass zunächst einmal die Mutter zur Ruhe finden und entspannt in den Abend gehen muss – eine notwendige Voraussetzung dafür, dass die Schlafstörungen des Kindes nicht die Beziehung zwischen den Eltern und ihm belasten.

Kommen Eltern mit den Schlafstörungen ihres Kindes einfach nicht zurecht, fühlen sie sich ausgelaugt und spüren sie bereits Wutgefühle ihrem Kind gegenüber, sollten sie fachlichen Rat suchen. Sonst entwickelt sich das Thema Schlaf womöglich zu einem »Schreckensding«, das die gesamte Familie lähmt.

Berufstätige Mütter – Rabenmütter?

Noch immer ist dieses Thema ein heißes Eisen – und nicht selten ein Konfliktpunkt unter Müttern. »Dein Kind ist doch noch so klein! Willst du es wirklich schon abgeben?!« – »Du hast doch gar nichts mehr von deinem Kind, wenn du arbeitest!« Aber auch: »Dass dir nicht die Decke auf den Kopf fällt, wo du ständig nur mit einem Kleinkind und anderen Müttern zusammen bist!« – »Wie kannst du nur deine beruflichen Chancen einfach so herschenken?« Man sieht: Eine allgemein gültige Antwort auf die Frage, ob die Mutter eines Ein- bis Zweijährigen wieder in den Beruf zurückkehren darf/soll/muss, gibt es nicht. Fest steht nur: Es gibt keine Hinweise darauf, dass die Berufstätigkeit der Mutter einem Kind Schaden zufügt, solange für dessen kontinuierliche Betreuung gesorgt ist.

Ein ganz wesentliches Element bei diesem Thema ist also die Organisation, denn unter der Verbindung Berufstätigkeit und Familienmanagement soll schließlich weder Mutter noch Kind leiden. Und Mütter leiden, wenn sie das Gefühl haben, dass ihr Kind während ihrer Abwesenheit nicht optimal betreut wird.

Deshalb ist es ganz entscheidend, sich bei der Suche nach einer Tagesmutter Zeit zu lassen. Eine Zusage sollte man nur geben, wenn man »ein gutes Gefühl« hat. Gibt es beim ersten Gespräch mit einer potenziellen Tagesmutter irgendwelche Irritationen, so sollte man sie ernst nehmen, auch wenn man gar nicht genau sagen kann, was denn an dieser Frau nicht in Ordnung sein soll. Mütter haben einen siebten Sinn – auch in diesem Fall.

Nur in einem Punkt sollte man Vernunft walten lassen: Wenn man glaubt, dass nur man selbst das Kind richtig versorgen kann, wird man sich mit dem Abgeben des Kindes in fremde Hände schwer tun. Dann wird es einfach keine Tagesmutter geben, die der Mutter wenigstens annähernd das Wasser reichen kann. So sind Konflikte bereits vorprogrammiert.

Es gibt kaum eine berufstätige Mutter, die das nicht schon erlebt hätte: Im Büro geht es gerade drunter und drüber – da wird auch noch das Kind krank ... Zwar haben berufstätige Mütter und Väter ein Recht darauf, für eine bestimmte Zeit zu Hause zu bleiben, wenn ein krankes Kind zu pflegen ist und ein kinderärztliches Attest vorgelegt wird. In der Regel sind das pro Jahr und Kind (bis zum Alter von acht Jahren) fünf Arbeitstage. Bestehen andere Regelungen, informiert darüber der Betriebsrat. Wenn das Kind mehr als fünf Tage pro Jahr krank ist – bei kleinen Kindern der Normalfall –, kann man als gesetzlich Krankenversicherter bei seiner Kasse einen Antrag auf Kinderkrankengeld stellen (etwa 70 Prozent des Bruttoeinkommens). Alles in allem ist also schon einiges getan worden, damit Eltern ihre kranken Kinder betreuen können.

Doch dies ist nur die eine Seite der Medaille. Angesichts der heutigen Arbeitsmarktsituation wagen es viele Eltern nicht, wegen einer Erkrankung ihres Kindes zu Hause zu bleiben. Gleichzeitig werden vor allem Mütter von einem schlechten Gewissen schier aufgefressen, wenn sie ihr krankes Kind nicht selbst betreuen. Doch dies muss man relativieren. Wenn es eine liebevolle, vertraute Oma oder warmherzige Tagesmutter gibt, kann sogar ein schwer krankes Kind von diesen betreut werden. Es geht ja vor allem darum, dass das kranke Kind nicht noch eine zusätzliche psychische Beeinträchtigung erleidet und dadurch womöglich der Genesungsprozess behindert wird. Ein krankes Kind will sich in erster Linie sicher und geborgen fühlen.

Und doch wird nicht jede Mutter die gleiche Entscheidung treffen. Hören Sie einfach auf Ihre innere Stimme. Sie ist der wichtigste Gradmesser und zeigt die ganz persönliche Grenze auf. Da gibt es Mütter, die sagen: Auch wenn ich meinen Job verlieren sollte – ich bleibe bei meinem Kind! Und es gibt Mütter, die ihren Arbeitsplatz auf gar keinen Fall verlieren dürfen und zudem einen Chef/eine Chefin haben, den die häusliche Situation seiner Angestellten recht wenig interessiert. Keine Entscheidung ist zu verurteilen, keine ist falsch.

Natürlich ist die Situation gänzlich anders, wenn das Kind eine ansteckende Krankheit (z.B. Masern, Röteln, Scharlach) oder einen noch nicht geklärten Ausschlag hat. Bei Erwachsenen, erst recht bei Senioren können die so genannten Kinderkrankheiten einen ziemlich schweren Verlauf haben – und das wird man auch der robustesten Oma nicht zumuten wollen. Ähnliches gilt, wenn ein Kind ins Krankenhaus muss. Diese Umgebung ist so gänzlich fremd, dass ein kleines Kind am liebsten Mutter oder Vater bei sich hat. Die können eben doch am besten die Angst vorm Verlorensein wegzaubern.

Trost zum Schluss: Vieles geht vorbei!

Am Ende dieses Kapitels mögen manche Leserinnen und Leser denken: Oh Gott, das ist ja furchtbar, was da alles auf einen zukommen kann!

Es ist so: Entspannungspausen werden selten sein, wenn man

ein Kind im zweiten Lebensjahr hat. Doch zum einen trifft längst nicht alles ein, was man so liest und wogegen man sich innerlich wappnet. Zum anderen ist es gerade für die Kindheit typisch, dass sich vieles in Phasen vollzieht. Und Phasen gehen glücklicherweise zu Ende.

Wichtig ist vor allem, dass man sich nicht verunsichern lässt. Gerade Mütter, hin und wieder auch Väter, können gnadenlos mit eigenen Eltern-Leistungen und Fortschritten ihrer Kinder prahlen. »Mein Kind ist noch nie hingefallen, da passe ich eben auf!« – »Ich gebe meinem Kind nur Bio-Kost und nicht Billigware aus dem Supermarkt!« – »Was? Dein Kind sagt noch nicht ›Auto‹? Meins kann schon ›Autobahn‹ sagen!«

Meine Kinder hatten viele Infekte, als sie klein waren. Eine Freundin meinte zu mir, dass das an mir liegen müsse – ich sei wohl zu angespannt. Das hat mich damals sehr getroffen: War ich wirklich schuld daran, dass meine Kinder ständig erkältet waren? Heute blicke ich mit Zorn zurück: einerseits auf die Freundin, die mir so ein dummes Zeug erzählt hat, andererseits auch auf mich, die ich mich durch solch einen Unsinn habe verunsichern lassen.

Was Kinder – kleine wie große – gar nicht brauchen können, sind verunsicherte Eltern! Deshalb sollten Väter und Mütter das tun, was sie für richtig halten. Wenn sie Rat brauchen, sollten sie sich gut überlegen, an welcher Stelle sie diesen Rat holen. Manche Ratschläge schaden nur. Nicht nur den Kindern, sondern auch den Eltern.

Nützliche Internet-Adressen

Fieber
Eine Sammlung von Links rund um Themen wie »Wenn Kinder fiebern«, »Pfeiffersches Drüsenfieber« oder »virusbedingtes hämorrhagisches Fieber« findet man unter
www.fieber-portal.com

Ganzheitsmedizin
Nicht die Beschwerden behandeln, sondern den Menschen: Das wollen die Vertreter der Ganzheitsmedizin und bieten unter *www.ganzheitsmedizin.de* ausführliche Informationen zu entsprechenden Therapien sowie eine nach Postleitzahlen geordnete Ärzteliste (noch nicht sehr umfangreich) an.

Natürliche Heilweisen
Hinter *www.tee.org* verbirgt sich eine Gesundheitsdatenbank, die von der Forschungsstelle für Gesundheitserziehung der Universität Köln erstellt und von der Bad Heilbrunner Naturmittel GmbH gefördert wurde. Unter dieser Adresse findet man Seiten zu Themen wie »Rund um die Heilpflanze« (Tees, Salben, Bäder, ätherische Öle), »Kräutergarten«, »Selbstmedikationsdatenbank« und Gesundheitstipps (zu Husten, Schnupfen, Warzen, Migräne, Lippenherpes u.v.m.).

Suche nach Kinderärzten und viel Wissenswertes
www.kinderaerzteimnetz.de

Literaturhinweise

DIEKMEYER, ULRICH: *Das Elternbuch 2. Unser Kind im zweiten Lebensjahr.* Reinbek 2002.

HÖRBURGER, RENATE: *Selbstbewusstsein. Wie Erwachsene sich und ihre Kinder stärken.* Stuttgart 2001.

KOVÁCS, HEIKE, SUSANNE LINDER: *Kinderkrankheiten erkennen und behandeln.* Berlin 2002.

KUNZE, PETRA, CATHARINA SALAMANDER: *Kinder fördern im Alltag. Die Entwicklung altersgerecht unterstützen. Ganz nebenbei, ohne großen Aufwand. Die schönsten Anregungen für jeden Tag.* München 2002.

PAULI, SABINE, ANDREA KISCH: *Geschickte Hände, wacher Verstand. Feinmotorik spielerisch entwickeln.* Berlin 2001.

POHLMANN, FRIEDRICH: *Die soziale Geburt des Menschen. Einführung in die Anthropologie und Sozialpsychologie der frühen Kindheit.* Weinheim 2000.

RABENSCHLAG, ULRICH: *So finden Kinder ihren Schlaf. Informationen und Hilfen für Eltern.* Freiburg 2002.

RIBBECK, JANCKO VON: *Schnelle Hilfe für Kinder. Was Eltern bei Unfällen und akuter Krankheit tun können.* München 2001.

RICHTER, ERWIN, WALBURGA BRÜGGE, KATHARINA MOHS: *So lernen Kinder sprechen. Die normale und die gestörte Sprachentwicklung.* München 2001.

ROSS, GABRIELE: *So lernen Kinder richtig sprechen. Ratgeber für Eltern mit großem Praxisteil.* München 2000.

SELIGMANN, MARTIN: *Erlernte Hilflosigkeit.* Weinheim 2000.

STOPPARD, MIRIAM: *So fördere ich mein Kind. Wie Sie die Anlagen und Talente Ihres Kindes entdecken und entwickeln können.* Berlin 2002.

TEMPELHOF, SIEGBERT: *Akupressur für Kinder. Schnelle Selbsthilfe durch sanften Fingerdruck. Beschwerden einfach und risikolos behandeln. Einfach zu erlernen für Kinder und Eltern.* München 2002.

TEUSEN, GERTRUD: *Das Trotzalter. Rat für Eltern in schwieriger Zeit.* Berlin 1999.

WERNER, KURT: *Wie Kinder leichter sprechen lernen. Reime, Spiele, Übungen und nützliche Informationen.* Freiburg 2000.

... Eltern sein dagegen sehr

Erziehungsberater im dtv

Ben Bachmair
Abenteuer Fernsehen
Ein Begleitbuch für Eltern
ISBN 3-423-36243-X

Cheryl Benard, Edit Schlaffer
Einsame Cowboys
Jungen in der Pubertät
ISBN 3-423-36295-2

Wolfgang Bergmann
**Erziehen im Informations-
zeitalter**
ISBN 3-423-36304-5

Bruno Bettelheim
Kinder brauchen Märchen
ISBN 3-423-35028-8

Jeffrey L. Brown
Keine Räuber unterm Bett
Wie man Kindern Ängste
nimmt
ISBN 3-423-36093-3

Deepak Chopra
Mit Kindern glücklich leben
Die sieben geistigen Gesetze
für Eltern
ISBN 3-423-36267-7

Diane Ehrensaft
Wenn Eltern zu sehr ...
Warum Kinder alles bekom-
men, aber nicht das, was sie
wirklich brauchen
ISBN 3-423-34014-2

Oggi Enderlein
Große Kinder
Die aufregenden Jahre
zwischen 7 und 13
ISBN 3-423-36220-0

Klaus Fritz
**Ein Sternenmantel voll
Vertrauen**
Märchenhafte Lösungen für
alltägliche Probleme
ISBN 3-423-36120-4

Barbara Högl
Störfälle?
Die viel zu unaufmerksamen
Kinder
Notizen, Fundstücke und
Interviews
ISBN 3-423-36213-8

Isabel Hörmann
Ein Traum von Kind
Aus dem Leben einer
ratlosen Mutter
ISBN 3-423-36222-7

Quo vadis, Superweib?
Eine Mutter packt aus
ISBN 3-423-20272-6

Kinder verstehen
Ein psychologisches Lesebuch
für Eltern
Herausgegeben von
Sophie von Lenthe
ISBN 3-423-35017-2

Bitte besuchen Sie uns im Internet: www.dtv.de

...Eltern sein dagegen sehr

Erziehungsberater im dtv

Bitte besuchen Sie uns im Internet: www.dtv.de